Umbau einer Schreinerei zum Wohnhaus von Raamwerk (diese Seite) / Conversion of a carpentry shop into a home, by Raamwerk (this page)

Vorsatz I / Frontleaf I: Baustelle Het Steen in Antwerpen von noAarchitecten / Construction site, Het Steen in Antwerp, by noAarchitecten

Vorsatz II / Frontleaf II: Baustelle Budafabriek in Kortrijk von 51N4E / Construction site, Budafabriek in Kortrijk, by 51N4E

# Umbau
# Architektur
# in Flandern

# Architecture of
# Transformation
# in Flanders

# Umbau Architektur in Flandern

Florian Heilmeyer, Sandra Hofmeister

# Architecture of Transformation in Flanders

Edition DETAIL

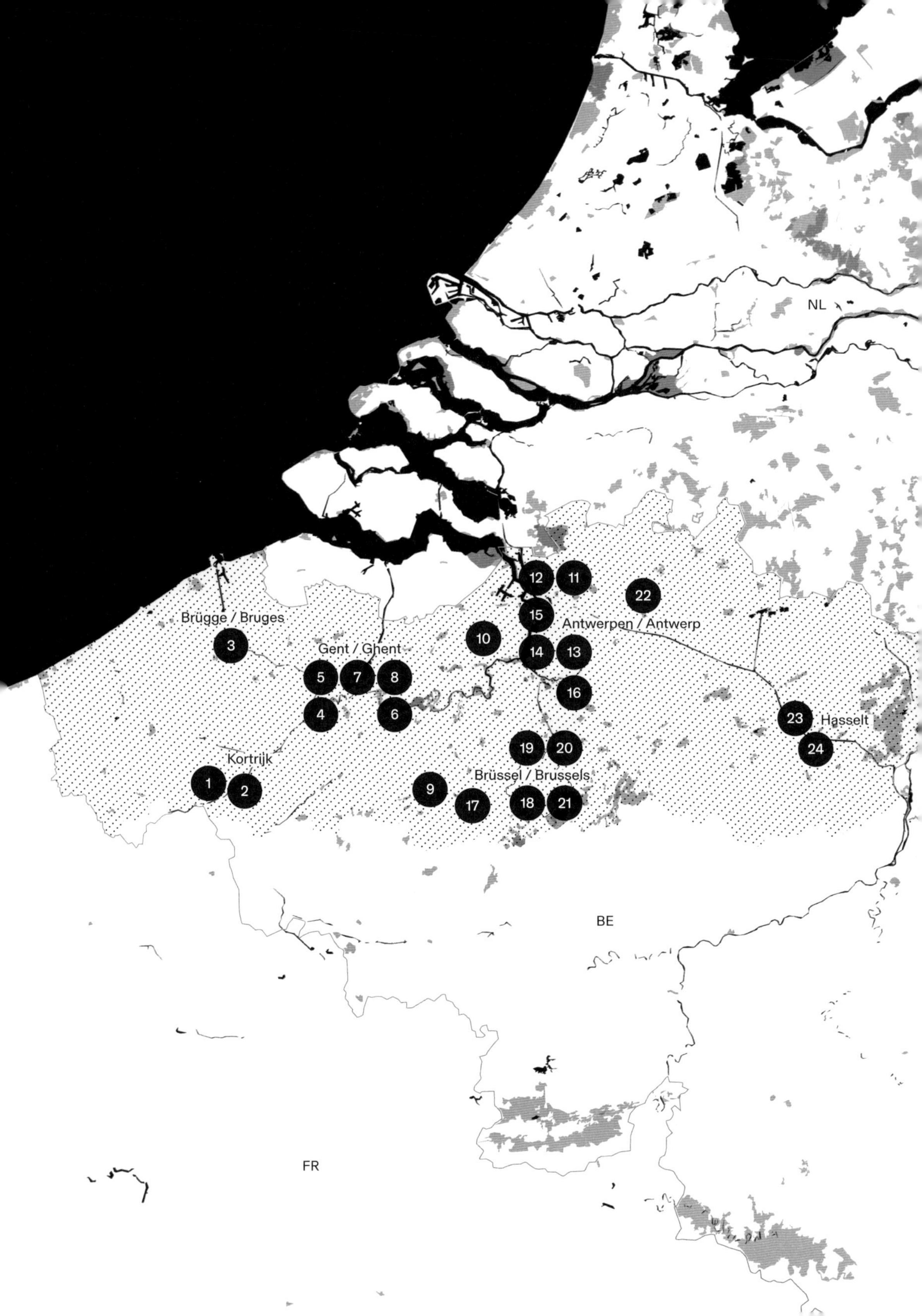

NL
Brügge / Bruges
Gent / Ghent
Antwerpen / Antwerp
Kortrijk
Brüssel / Brussels
Hasselt
BE
FR
1
2
3
4
5
6
7
8
9
10
11
12
13
14
15
16
17
18
19
20
21
22
23
24

# Inhalt Content

# ❶ 51N4E BUDAfabriek in Kortrijk

Lageplan
Maßstab 1:3000

Site plan
Scale 1:3000

## Industrieruine wird zur Kreativfabrik

Auf der Buda-Insel mitten in Kortrijk ist ein lebendiges Kreativzentrum entstanden. Die sogenannte Budafabriek aus den 1920er-Jahren war auf der Insel die einzige noch verbliebene der Textilfabriken, die einst das Stadtbild geprägt hatten. Die Stadt beschloss, diesen letzten Zeitzeugen zu bewahren und für eine neue Nutzung fit zu machen. Den Wettbewerb 2005 gewannen 51N4E. Die Eingriffe in den Bestand sind sparsam und fokussiert. Im Wesentlichen beschränkten sich die Architekten auf zwei Stellen, an denen sie die alten Strukturen wie mit einem großen Messer wegschnitten, um mehr Licht ins Gebäude zu bringen und neue Wege zu ermöglichen. So entstanden zwei neue Höfe. Der erste liegt im Zentrum des Gebäudes und ist gleichzeitig das zentrale Treppenhaus. Der zweite steht an der Südostecke der Fabrik und bildet im Straßenraum ein deutlich sichtbares Zeichen für die neue Nutzung. Beide Höfe bilden mit ihren fünfeckigen Grundrissen und den gelben Backsteinwänden einerseits einen Kontrast zum Bestand und andererseits eine deutlich sichtbare gestalterische Klammer. Ansonsten mussten vor allem Einbauten entfernt werden, um die Fabriketagen flexibel nutzbar zu machen. Auf gut 3000 Quadratmetern sind jetzt Ausstellungs- und Veranstaltungsräume, Werkstätten, Atelier- und Arbeitsräume untergebracht sowie ein „prototype lab“ mit 3D-Druckern und Laserschneidern. fh

## Industrial Relic Reborn as Creative Hub

A bustling creative hub has found a home on Buda Island in the heart of Kortrijk. The Budafabriek, dating back to the 1920s, stands as the last surviving relic of the island's once-thriving textile industry. To ensure the preservation of this final vestige of the city's rich heritage and adapt it for contemporary use, in 2005 the city hosted an architectural competition, with the Brussels-based collective 51N4E emerging as the winner. The interventions by 51N4E were sparing yet strategic, concentrating on two pivotal areas where the old structure was carved open to create two five-sided spaces, welcoming in light and establishing new pathways. The first, situated in the middle of the building, now hosts the new central staircase. The second, strategically placed at the southeast corner, serves as symbol of the factory's new purpose to the surrounding neighbourhood. These new hollow volumes, with their distinctive pentagonal shape and yellow brick walls, introduce a deliberate contrast to the original building, emerging as prominent design elements that assert themselves within the space. Moreover, the removal of outdated fixtures significantly increased the flexibility of the factory floors, allowing for a variety of potential uses. The revitalized Budafabriek unfolds across 3000 $m^2$ of versatile spaces, encompassing exhibition and event rooms, artist studios, workspaces, and a prototype lab equipped with 3D printers and laser cutters, fostering a dynamic hub for creativity and innovation. fh

Ort / Location: Kortrijk, Dam 2 Bauherr / Client: AGB Buda, Stadt Kortrijk / City of Kortrijk
Tragwerksplanung / Structural engineering: BAS, Dirk Jaspaert
Technische Ingenieure / Technical engineering: Studiebureau Boydens
Fertigstellung / Completion: 2012

Schnitt/Grundrisse
Maßstab 1:750

1 Open-Air-Eingangspavillon
2 Technikraum
3 Öffentliches WC
4 Feuertreppe
5 Multifunktionsraum
6 Aufzug
7 Bad
8 Multimedia-Klassenraum
9 Atelier
10 Heizraum
11 Lagerraum
12 Halle
13 Multifunktionsmezzanine

Section/Floor plans
Scale 1:750

1 Open air entrance pavilion
2 Building services
3 Public WC
4 Fire staircase
5 Multipurpose space
6 Lift
7 Bathroom
8 Multimedia classroom
9 Atelier
10 Boiler room
11 Storage
12 Hall
13 Multipurpose mezzanine

aa

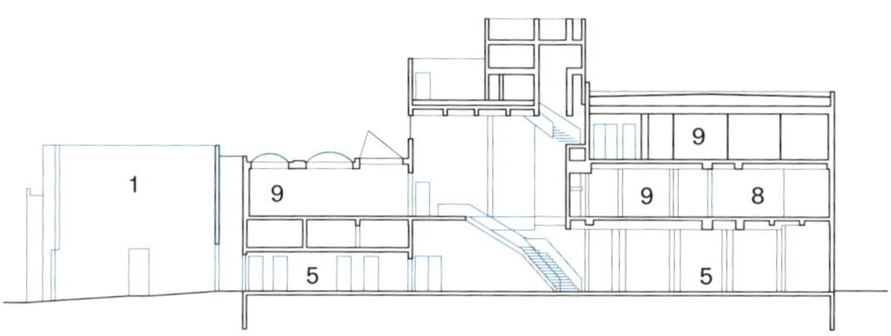

1. Obergeschoss First floor

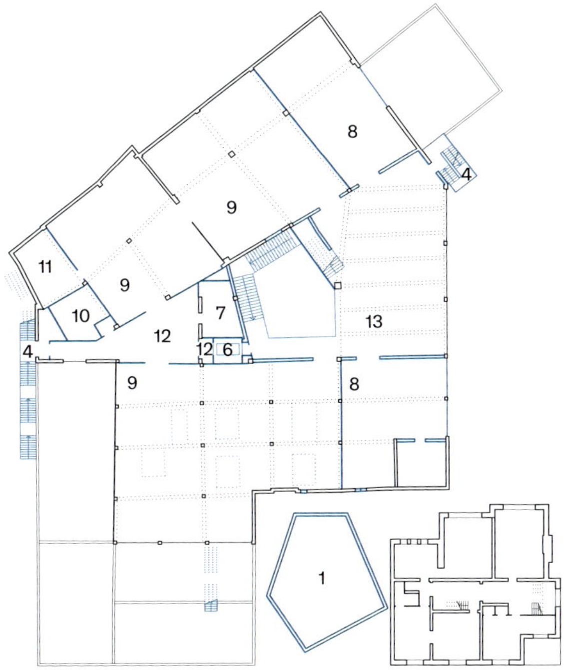


Erdgeschoss Ground floor

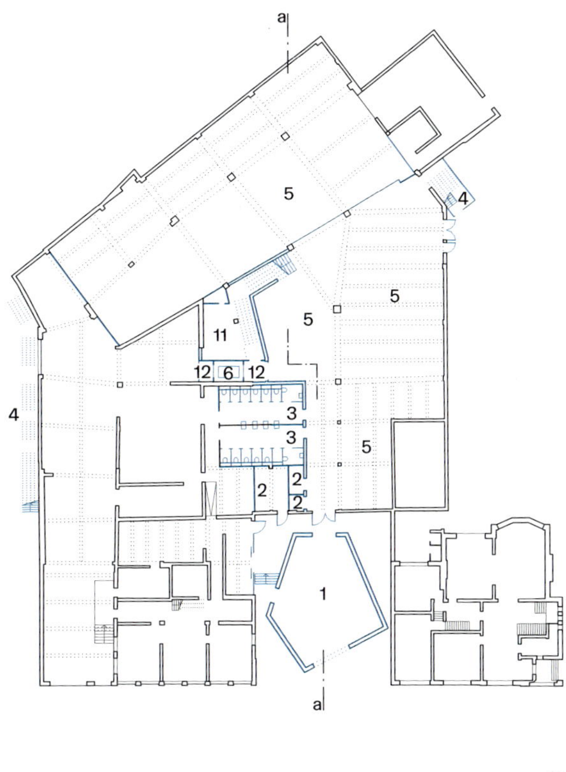

Das Treppenhaus ist über mehrere Etagen aus dem Bestand geschnitten. Helle Backsteine und der fünfeckige Grundriss sind Wiedererkennungsmerkmale für die Eingriffe beim Umbau.

The staircase area was carved out of the existing building across multiple floors. Renovation interventions are marked by the use of light-coloured bricks and a pentagonal floor plan.

# ❷ ATAMA Deelfabriek in Kortrijk

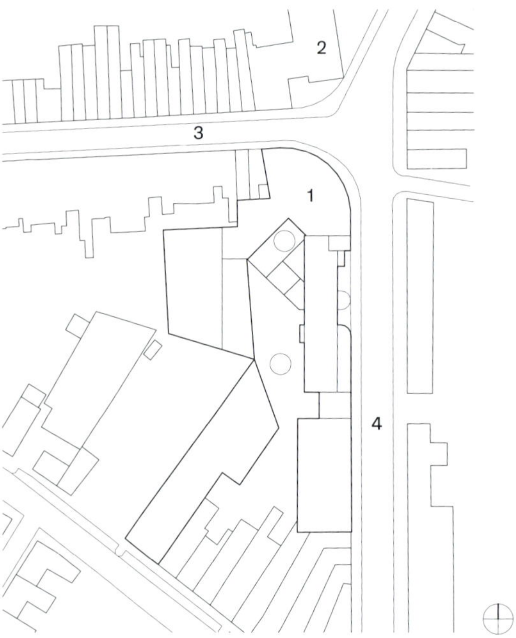


Lageplan
Maßstab 1:2000
Site plan
Scale 1:2000

1 Deelfabriek
2 Obdachlosenasyl
3 Sint-Antoniusstraat
4 Rijkswachtstraat

1 Deelfabriek
2 Homeless shelter
3 Sint-Antoniusstraat
4 Rijkswachtstraat

## Markthalle für das Tauschen und Teilen

Die Feuerwache im Stadtzentrum von Kortrijk, ein schönes modernes Gebäude aus dem Jahr 1940, stand lange leer. Jetzt entsteht daraus die experimentelle Deelfabriek (wörtlich: „Teilfabrik"), in der 16 städtische und bürgerschaftliche Initiativen und Vereine zusammenkommen. Es geht darum, möglichst viele Synergien zu erzeugen, Materialien, Werkzeuge und Ideen miteinander zu teilen. In Werkstätten können alte Dinge repariert, getauscht oder wiederverwendet werden. Auch günstiges Essen wird angeboten. Die Deelfabriek ist, so sagt es die Stadt selbst, ein Experiment, um zu sehen, ob daraus ein lebendiger Ort des bürgerschaftlichen Gemeinsinns werden kann. Der Entwurf von Atama hat vor allem auf- und ausgeräumt: Die ehemalige Garage wird zur Markthalle, in der alle Nutzenden ihre Arbeit vorstellen oder ihre Waren anbieten. Durch die Rolltore entlang der geschwungenen Gebäudeecke lässt sich die Halle zur Straße öffnen, das alte Dach mit den tonnenförmigen Oberlichtern bietet perfektes Licht. Durch die geöffnete Rückseite erreicht man den großen Innenhof, von hier werden alle Räume erschlossen. Dafür ließen Atama alle Anbauten entfernen. Verblendungen mit spiegelnden Metallstreifen an den Mauern und Dachkanten sorgen für eine optische Illusion, die den Hof noch einmal wesentlich größer wirken lässt und die Bewegungen und Aktionen im Hof verdoppelt. Im Turm zieht ein Kletterclub ein, auf der obersten Etage befindet sich ein Veranstaltungsraum mit einem besonders weiten Panorama über die gesamte Stadt. fh

## Market Hall for the Sharing Economy

The fire station, a striking modern building erected in 1940 in the heart of Kortrijk, languished in vacancy for an extended period. Now, it is home to the Deelfabriek (meaning "share factory"), an innovative space bringing together 16 urban and civic initiatives and associations with the goal of fostering synergies by sharing materials, tools, and ideas. The on-site workshops provide a platform for repairing, exchanging, or reusing old items, in addition to offering affordable meals. The city sees the Deelfabriek as an experiment, exploring its potential to become a vibrant hub of civic community spirit. ATAMA's design approach focused on openness and decluttering, leading to the conversion of the former garage into a dynamic market hall where users can showcase their work or offer goods. Roller doors along the building's curved corner enable the hall to engage with the street, while the old roof, featuring barrel-shaped skylights, ensures an abundance of natural light. The expansive inner courtyard, accessible from the open rear, serves as the central hub connecting all the spaces. The architects' transformative vision involved the removal of all extensions and the incorporation of reflective metal strips on walls and roof edges. Not only does this make the courtyard appear significantly larger but it also enhances the sense of movement and activity within it. The old fire station tower now houses a climbing club, while the top floor boasts an event room offering a panoramic view that stretches across the entire city. fh

Ort / Location: Kortrijk, Rijkswachstraat 5 Bauherr / Client: Stadt Kortrijk / City of Kortrijk
Tragwerksplanung / Structural engineering: BDA engineering Fertigstellung / Completion: 2023 kortrijk.be/deelfabriek

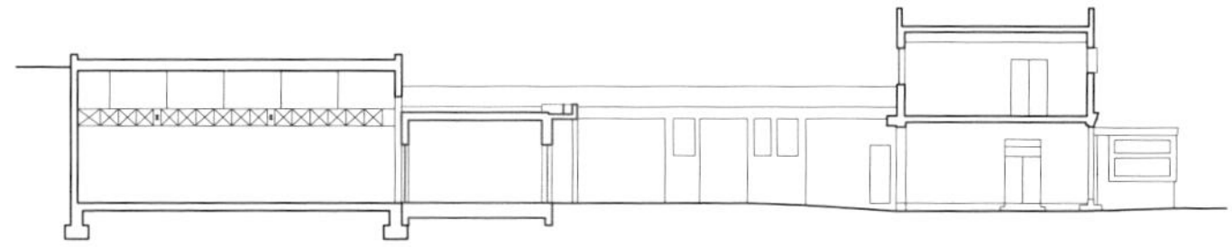

aa

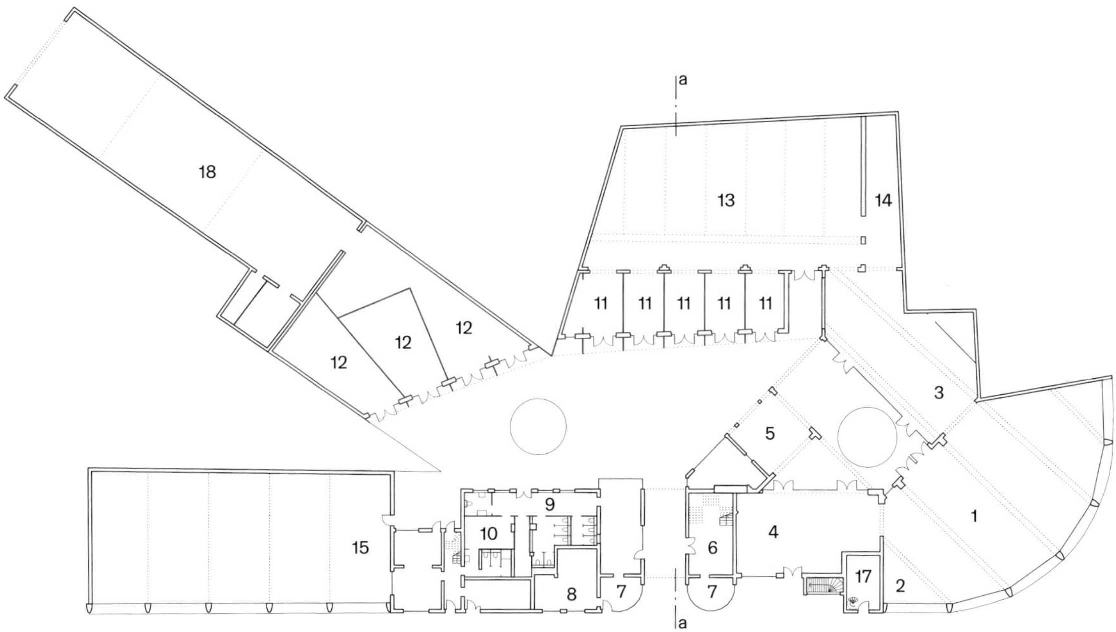


Erdgeschoss Ground floor

Schnitt/Grundriss
Maßstab 1:750

1 Markthalle
2 Bar
3 Rezeption, Büro
4 Secondhand-Laden
5 Outdoor-Sitzbereich
6 Büroeingang
7 Besprechungsraum
8 Aufnahmestudios
9 Toiletten
10 Umkleide
11 Kleiner Gemeinschaftsraum/Repair-Shop
12 Gemeinschaftsraum/Repair-Shop
13 Lager
14 Workshop-Raum
15 Stadtreinigung
16 Büros Stadtreinigung
17 Kletterturm
18 Möbelreparaturwerkstatt

Section/Floor plans
Scale 1:750

1 Market hall
2 Bar
3 Reception, back office
4 2nd hand clothes shop
5 Outdoor seating
6 Access to offices
7 Meeting room
8 Recording studio
9 Sanitary facilities
10 Changing areas
11 Small share and repair shop
12 Big share and repair shop
13 Storage
14 Workshop
15 City cleaning service
16 City cleaning service office
17 Climbing tower
18 Furniture repair workshop

BAR
SWOP & GO

Der Innenhof der früheren Feuerwache ist durch eine Kolonnade erweitert, die Wagenhalle wurde zum Café (linke Seite). Spiegelnde Oberflächen geben dem Spiel aus Neu und Alt eine humorvolle Vielschichtigkeit.

The inner courtyard of the former fire station was extended by a colonnade and the carriage shed was converted into a café (left). Reflective surfaces add a whimsical depth to the interplay of old and new.

## 3 Carlos Arroyo Architects
OostCampus in Oostkamp

## Wolkendecke im Rathaus

Die westflämische Gemeinde Oostkamp hatte sich über die Jahre immer stärker nach Süden ausgebreitet. So entstand die Idee, die Dienstleistungen des Rathauses nicht mehr im historischen Ortskern zu belassen, sondern sie nach Süden zu verlegen, in das gut erschlossene Gewerbegebiet an der Autobahn. Dort hatte ein Limonadenhersteller gerade seine große Logistikhalle aufgegeben, und in einem Architekturwettbewerb 2008 stellte die Gemeinde die mutige Frage, wie diese Halle als neues Rathaus Verwendung finden könnte. Der Wettbewerbsbeitrag des spanischen Architekten Carlos Arroyo ging weiter: In der schlichten Halle mit gut 11000 Quadratmetern Grundfläche erkannte er einen 9 Meter hohen Raum voller Möglichkeiten. Für den Besucherverkehr schuf Arroyo im westlichen Teil eine neue Struktur, die mit breiten Gängen und Plätzen einem überdachten Dorf ähnelt. Die verglasten Beratungsräume sorgen für Licht und Blickverbindungen. Darüber zog Arroyo eine Wolkendecke aus glasfaserverstärktem Gips, der auf Spezialballons gestrichen wurde. Der Gips härtete aus, die Ballons wurden entfernt. Übrig blieb eine 7 Millimeter dünne Decke mit allerlei Rundungen und Schnittflächen. Neben den Fassaden der alten Halle wurden auch die meisten technischen Einbauten erhalten. An wenigen Stellen fügte Arroyo neue Fenster ein, dazu einen Innenhof, und schließlich ließ er die Halle außen in einem kräftigen Blau streichen. Die Kosten lagen ungefähr zwei Drittel unter denen eines vergleichbaren Neubaus. fh

## Cloud Ceiling within Civic Walls

Over the years, Oostkamp in West Flanders experienced significant expansion to the south. This prompted the idea of relocating town hall services from the historic town centre further south to the well-developed commercial area along the highway. A soda manufacturer had just shuttered its large logistics hall there and, in 2008, the municipality launched an architectural competition to repurpose this industrial structure into a modern civic hub. The winning design by Madrid-based Carlos Arroyo Architects took a bold and innovative approach. Within the expansive 11,000-m$^2$ hall, they discovered a 9-metre-high void brimming with possibilities. To accommodate the influx of visitors, a landscape of modular clusters evoking a covered village with wide corridors and open squares was introduced into the western part of the hall. Glazed consultation rooms flood the interior with natural light and establish visual connections between the various spaces. Above this, the architects envisioned a cloud-like ceiling crafted from glass fibre-reinforced gypsum shaped using custom-made, bubble-like moulds. Once the plaster hardened, the moulds were removed, resulting in a 7-millimetre-thin ceiling with dynamic curves and cut surfaces. Preserving most of the existing facades and technical installations, the architects integrated new windows, an inner courtyard, and a vibrant blue paint finish to the exterior. The project's costs were approximately two-thirds lower than those of a comparable new building. fh

Ort / Location: Oostkamp, Siemenslaan 1 Bauherr / Client: Gemeinde Oostkamp / Municipality of Oostkamp
Tragwerksplanung / Structural engineering: ELD Partnership Fertigstellung / Completion: 2012 oostkamp.be

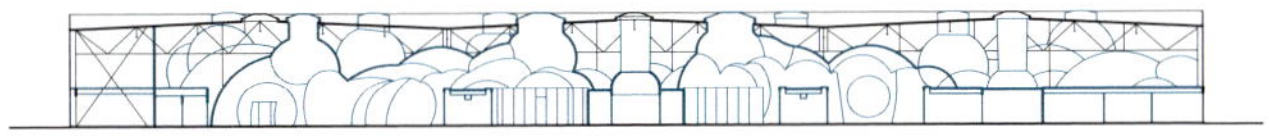


Schnitt/Grundriss Section/Floor plan
Maßstab 1:1250 Scale 1:1250

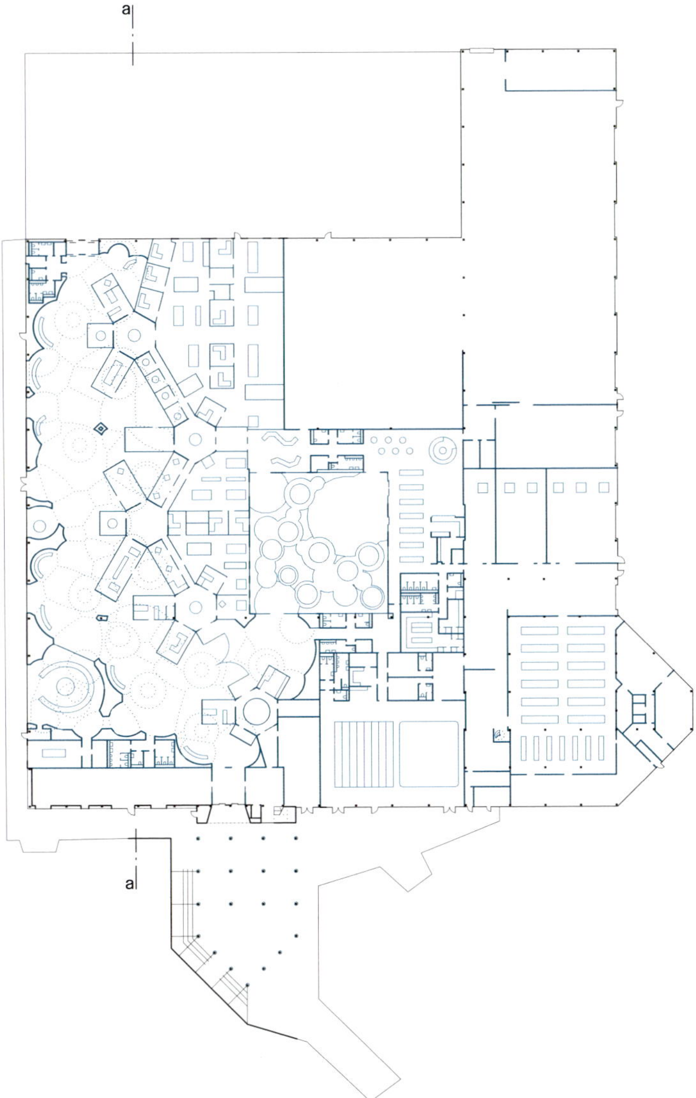


Erdgeschoss Ground floor

# ❹ **Raamwerk** Halewijnkouter in Drongen

Das Wohnhaus an der Straße wurde erhalten und rückseitig durch einen Neubau in den Resten einer Schreinerei ergänzt.

The house facing the street was preserved. A new house was added behind it, built within the remaining structure of an old carpenter's workshop.

## Haus im Haus

Auf dem Grundstück standen die Reste einer Schreinerei. Eine Familie kaufte den Baugrund, um hier ihr Wohnhaus zu errichten, wollte aber von der alten Bebauung etwas erhalten, das von der Vergangenheit erzählen konnte. Das Büro Raamwerk machte aus diesen Vorgaben einen vielschichtigen Entwurf: Die übrig gebliebenen Innenwände und Böden wurden vollständig entfernt, die Ruine ausgehöhlt und die erhaltenen Außenwände weiß gestrichen. In diese Hülle setzten sie das zweigeschossige Wohnhaus als neuen Holzbau auf die alte Fundamentplatte. Schützend legen sich die alten Mauern jetzt um den Neubau, der wiederum die Außenmauern stützt. Die Grundrisse des Neubaus sind schlicht. Auf jeder Etage liegen zwei Zimmer an einem zentralen Versorgungskern. Die Fenster nehmen Bezug auf die Außenmauern und deren Öffnungen. Ebenso genüsslich spielen die Architekten mit den vielschichtigen Referenzen an die ehemalige Nutzung: Ein guter Teil des verwendeten Holzes stammte noch aus den Lagerbeständen der Schreinerei, das Grün der Fassade übernahm man von der Farbe der ehemaligen Werkstatttore und auch der Boden aus robustem, dunkelgrauem Gussasphalt erzeugt eine Werkstattatmosphäre. Diese Herangehensweise setzt sich im Umgang mit dem ganzen Gelände fort, immer wieder tauchen Spuren der vergangenen Nutzung auf. Von einem schlichten Schuppen, der als Holzlager diente, entfernten die Architekten einfach nur das Dach, um einen intimen Gartenraum entstehen zu lassen, ebenso ummauert wie das Wohnhaus. fh

## House within a House

The remains of a carpentry workshop stood on a site acquired by a family desiring to construct a new home while preserving traces of its industrial history. Raamwerk responded to these aspirations with a multilayered design that integrates the past with the present. They dismantled the remaining interior walls and floors, excavated the ruins, and painted the existing exterior walls white. Within this preserved envelope, they erected a new two-storey timber structure on the original foundation slab. The aged walls of the former workshop now wrap protectively around the new family residence, with the innovative dwelling in turn lending stability to the outer walls. The internal layout of the home is simple yet functional, featuring two rooms on each floor arranged around a central core that houses utilities and services. Reflecting an astute attention to detail, the architects infused the home with references to its industrial past. The window design mirrors the outer walls and their openings. They incorporated wood salvaged from the former workshop, painted the timber facade in a shade of green reminiscent of the original workshop doors, and installed a robust, dark grey mastic asphalt floor that evokes the workshop's industrial character. This thematic approach extends throughout the entire site, where vestiges of its former use subtly resurface. One example is the conversion of a former wooden storage shed into a cosy, enclosed garden space by removing its roof and fashioning a tranquil retreat amidst the industrial elements. fh

)rt / Location: Drongen, Halewijnkouter 59   Bauherr / Client: privat / private   Tragwerksplanung / Structural engineering: 'raeye Stabiliteit   Fertigstellung / Completion: 2020

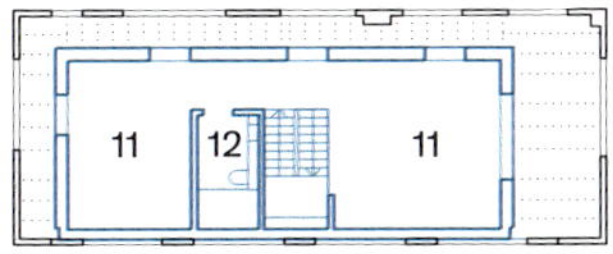


. Obergeschoss   First floor

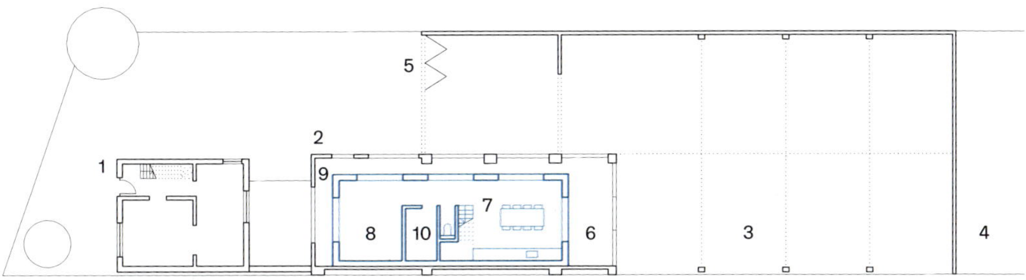


:rdgeschoss   Ground floor

3chnitt/Grundrisse   Section/Floor plans
Maßstab 1:750   Scale 1:750

Bestandsbau
2 Neubau
3 Ruinengarten
4 Garten
5 Durchgang
6 Eingang Neubau
7 Küche/ Esszimmer
8 Wohnzimmer
9 Zwischenraum
10 Stauraum
11 Schlafzimmer
12 Bad

1 Existing house
2 New house
3 Walled ruin garden
4 Garden
5 Portal
6 New house entrance
7 Kitchen and dining room
8 Living room
9 Old/new wall gap
10 Storage
11 Bedroom
12 Bath

# ⑤ Dierendonckblancke & L.U.S.T. architecten

## Nekkersput in Gent / Ghent

| Lageplan<br>Maßstab 1:2000<br>Site plan<br>Scale 1:2000 | 1 Bestand<br>2 Neubauten<br>3 Vorplatz<br>4 Nekkersput-straat | 1 Existing building<br>2 New buildings<br>3 Forecourt<br>4 Nekkersput-straat |
|---|---|---|

## Update für den sozialen Wohnungsbau

Wie eine Festungsmauer stand dieser achtgeschossige Wohnriegel aus den 1960er-Jahren am westlichen Rand der Innenstadt. Sein Abriss war bereits beantragt. Allerdings hätten die Wohnungen ersetzt werden müssen, was angesichts einer zulässigen Neubebauung mit maximal vier Obergeschossen unmöglich war. Das Architektenteam erarbeitete daher eine Alternative: den Bestand zu sanieren und die Wohnungen im Inneren neu zu kombinieren, dazu die Ergänzung von zwei viergeschossigen Neubauten mit je sechs Maisonettewohnungen, die entweder direkt von der Straße oder über die Dachterrassen im dritten Obergeschoss erschlossen werden. Die zwei Neubauten ermöglichen zudem einen sanfteren Übergang zwischen dem großen Riegel und den Satteldachhäusern der Nachbarschaft. Das Mintgrün der neuen Stahlstruktur sorgt für einen Farbakzent, auf der Rückseite bildet sie Balkone vor jedem Apartment. Im Inneren findet sich statt der monotonen Reihung immer gleicher Wohnungen ein bunter Mix aus Maisonetten, Geschoss- und Durchsteckwohnungen. Die Architekten adaptierten dafür Le Corbusiers Konzept der inneren Straßen (rue intérieure): Alle Wohnungen sind über innere Korridore im dritten und sechsten Obergeschoss erschlossen. Von dort stapeln sich die verschiedenen Typen übereinander. Nicht alle haben zwei Etagen, aber alle verfügen über Zimmer nach Osten und Westen. „In einem Neubau hätten wir eine solche Vielfalt und solche Wohnungsgrößen im sozialen Wohnungsbau nie realisieren können", sagen die Architekten. fh

## An Upgrade for Social Housing

The imposing eight-storey residential slab from the 1960s stood like a bleak fortress on the west side of Ghent, near the city's edge. While a request for demolition had been submitted, replacing the apartments was deemed impractical due to new development restrictions allowing a maximum of four upper storeys. Instead, the architects proposed an alternative plan that involved renovating the existing structure, reconfiguring the interior, and adding two new four-storey annexes to expand the space. These new structures feature six maisonettes each, accessible either from the street or from third-floor roof terraces. The addition of the two lower buildings provides a smoother transition between the large block and the gabled roof houses in the neighbourhood. A mint green steel structure introduces a vibrant colour accent and creates balconies at the rear of each dwelling. Inside, the once monotonous row of identical apartments has been transformed into a diverse mix of maisonettes, standard apartments, and floor-through apartments. Drawing inspiration from Le Corbusier's concept of inner streets (rue intérieure), the architects devised internal walkways on the third and sixth levels, providing access to all dwellings. This configuration enables a dynamic arrangement of the various apartment types. While not every unit spans two floors, all have rooms facing both east and west. "With an entirely new building, we would never have been able to realize such a variety of dwelling sizes and layouts in subsidized housing", say the architects. fh

Schnitt/Grundriss Maßstab 1:500

Section/Floor plan Scale 1:500

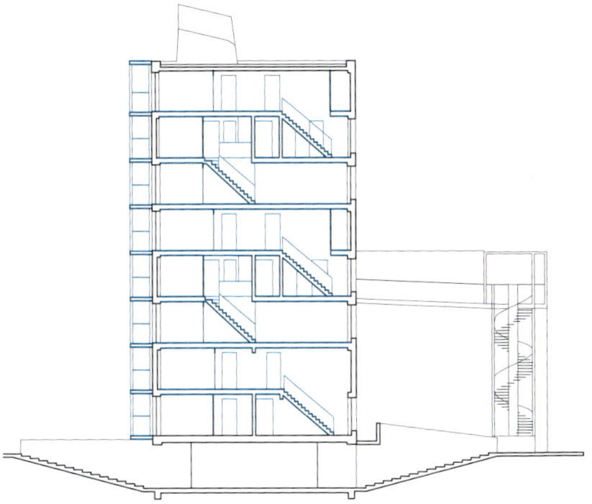

aa

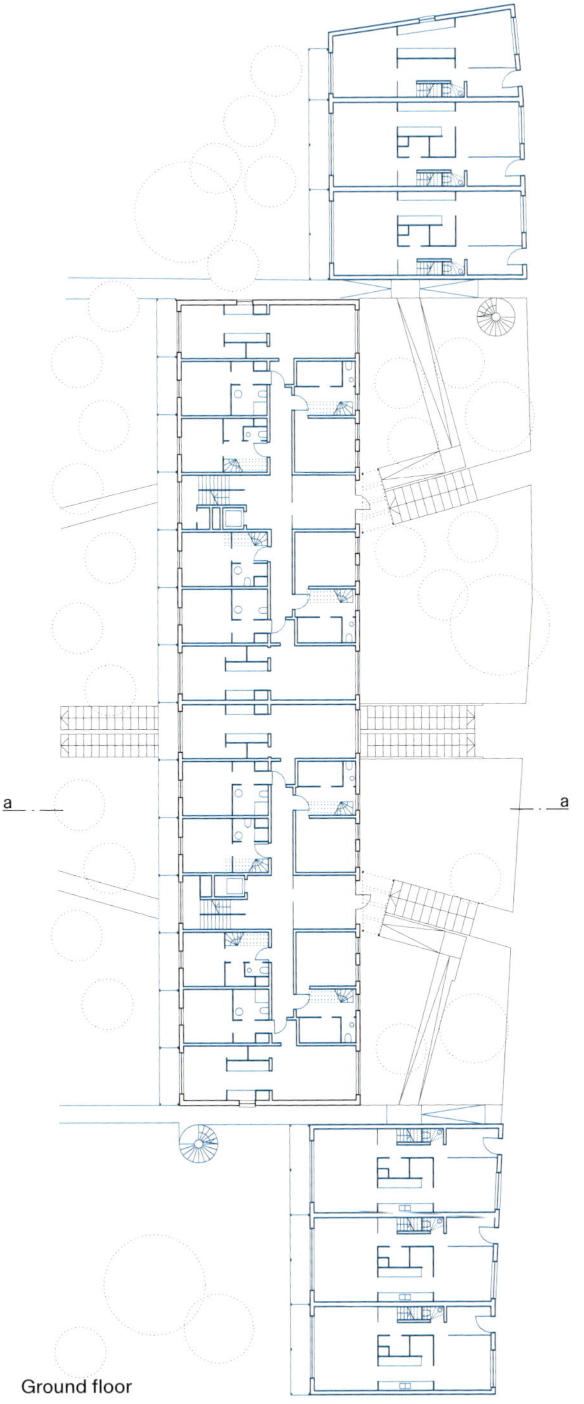


Erdgeschoss Ground floor

Ort / Location: Gent, Nekkersputstraat 61–187   Bauherr / Client: SHM De Gentse Haard
Landschaftsplanung / Landscape architect: Lieve Van de Ginste   Tragwerksplanung / Structural engineering: Sileghem & Partners
Fertigstellung / Completion: 2020

Die Tragstruktur des Bestands (rechts) blieb erhalten. Mit ihr schufen die Architekten ein neues System aus sehr unterschiedlichen Wohnungstypen, zum Teil über mehreren Etagen. Die rückseitig vorgelagerten Balkone spiegeln die innere Vielfalt nicht wider (rechte Seite).

The supporting structure of the existing building (right) was retained. The architects used it to create a new system of varied apartment layouts, with some spanning multiple floors. The uniform rear balconies do no reflect this internal diversity (right page).

# ❻ architecten de vylder vinck taillieu
## Caritas in Melle

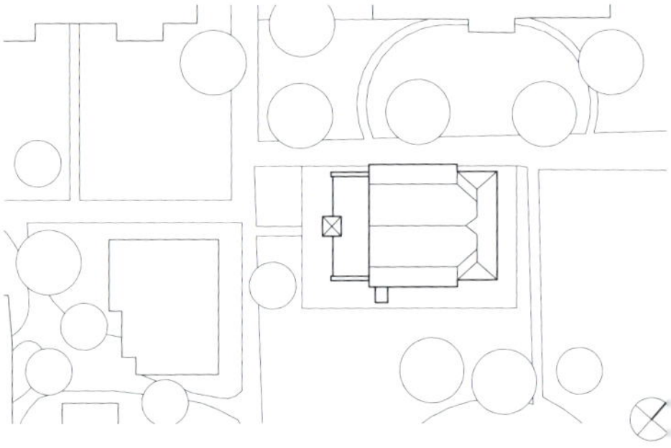

Lageplan
Maßstab 1:2000

Site plan
Scale 1:2000

## Ruine zum Wandeln

Das Dach ist bis auf das Gerüst abgedeckt, die Fenster teils ohne Rahmen: Das frühere Haupthaus der psychiatrischen Klinik Caritas in Melle bei Gent wirkt wie eine Ruine. Wäre da nicht der strahlend weiße Vorbau, der das Entree zum historischen Backsteingebäude vor Regen schützt. Im Inneren gehen die Irritationen, die das wundersame Haus Josef nach der Intervention von De Vylder Vinck Taillieu bestimmen, weiter: Das Erdgeschoss hat keine Türen, die Böden sind aus Schotter, die Geschossdecken teils entfernt. In den Lufträumen, die so entstanden sind und ungewöhnliche Sichtachsen öffnen, wachsen Bäume wie in einem Park. Eigentlich war der Abriss des maroden Gebäudes längst beschlossen und bereits in vollem Gange. Doch dann wurde Asbest gefunden, die Klinikleitung wechselte und ein Ideenwettbewerb wurde ausgeschrieben. Das Architektenteam aus Gent gewann ihn mit einem ungewöhnlichen Konzept: Sie haben die Ruine auf ihre Grundstrukturen rückgebaut, wo nötig mit Betonsteinen ergänzt und gemeinsam mit Patienten und Mitarbeiterinnen die Idee für einen Freiraum auf dem ansonsten sehr funktionalen Klinikgelände entwickelt. Haus Josef liegt irgendwo dazwischen – zwischen Außenraum, Gartenkunst und Gebäude. Die Glashäuser in den oberen Geschossen bieten Schutz vor der Witterung und stehen zur freien Verfügung. Im offenen Erdgeschoss mit seinen neuen Sitzstufen finden Veranstaltungen statt. Rund um die Uhr ist das Haus Sint-Jozef heute zwar nicht ausgelastet, trotzdem erfüllt es seinen Nutzen – als Erholungszone, Wandelgang und wertvoller Freiraum. sah

## Reimagining Ruins

The roof has been stripped down to its rafters, and some windows have been left without frames: the former main house of the Caritas psychiatric clinic in Melle, near Ghent, could be mistaken for a ruin – were it not for the bright white porch shielding the entrance of the historic brick building from the rain. The disruptions continue inside the Sint-Jozef building, transformed by architecten de vylder vinck taillieu: the ground floor lacks doors, gravel covers the floors, and ceilings are partially removed. The ensuing voids offer unconventional views while planted trees create an indoor park. The demolition of the dilapidated building had been decided long ago and was already in full swing. But then asbestos was discovered, the clinic management changed, and an ideas competition was launched to reimagine the space that remained. The Ghent-based architect team won the award with an unconventional concept: they stripped the building down to its basic structures, reinforced it as needed with concrete blocks, and collaborated with patients and staff to shape an open space within the clinic grounds. The outcome is a hybrid creation blending outdoor space, garden art, and functional architecture. Glass houses on the upper floors provide weather protection and are freely accessible. Events unfold on the open ground floor with its new seating steps. While not operating at full capacity around the clock, house Sint-Jozef fulfils its purpose as a haven for relaxation, recreational walks, and the appreciation of valuable open space. sah

Ort / Location: Melle, Caritasstraat 76 Bauherr / Client: Karus VZW Tragwerksplanung / Structural engineering: Util
Fertigstellung / Completion: 2016 karus.be

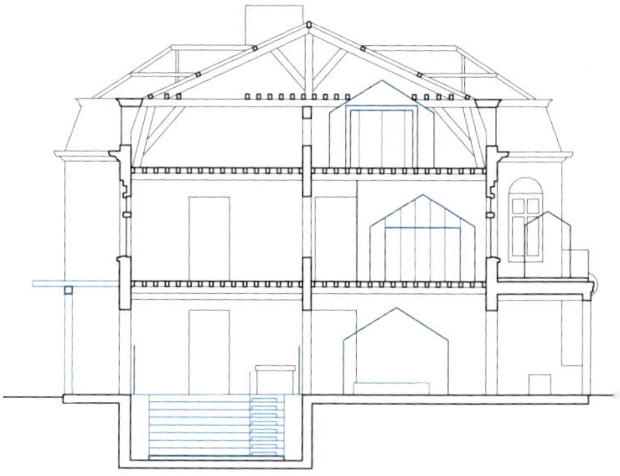

aa

Schnitt/Grundriss Maßstab 1:400

Section/Floor plan Scale 1:400

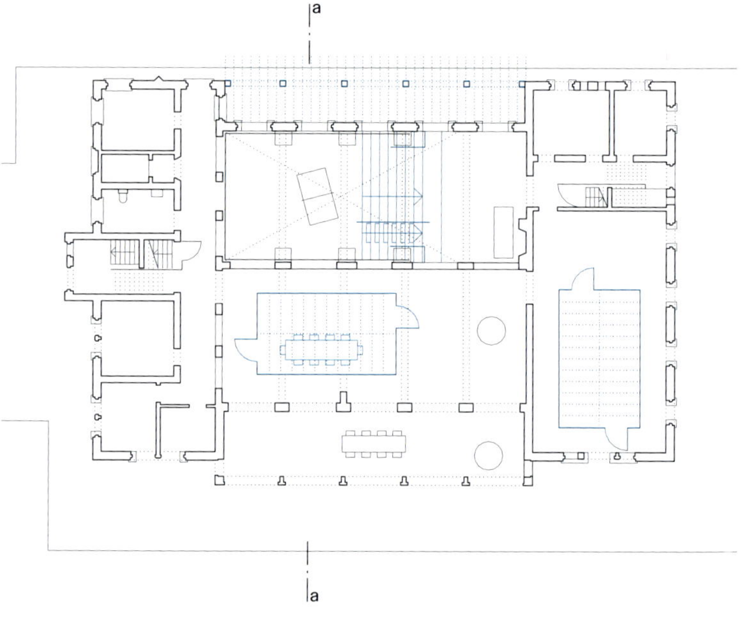


Erdgeschoss

Ground floor

Haus oder Garten? Das neue Caritas-Gebäude ist beides. Durch die Intervention der Architekten ist der Bestand auch für kommende Nutzungen geeignet.

House or garden? The new Caritas building is both, and thanks to the architects' intervention, the existing building is adaptable for future uses.

# Wenn Alt und Neu miteinander tanzen

Inge Vinck im Gespräch mit Sandra Hofmeister

# A Dance between Old and New

Inge Vinck in Conversation with Sandra Hofmeister

Mit bescheidenen Budgets und durchdachten Konzepten baut das flämische Büro Architecten Jan de Vylder Inge Vinck (AJDVIV) bestehende Gebäude um – für eine offene Zukunft mit verschiedenen Nutzungen. Im Gespräch erläutert Inge Vinck ihre Strategie im Umgang mit dem Bestand.

Jan de Vylder und Inge Vinck leiten das Büro AJDVIV und unterrichten in Zürich und Düsseldorf.

Jan de Vylder and Inge Vinck head the AJDVIV office and teach in Zurich and Düsseldorf.

With modest budgets and well-considered concepts, architecten jan de vylder inge vinck (AJDVIV) in Ghent adapt existing structures for flexible future uses. In our interview, Inge Vinck discusses her approach to adaptive reuse.

Viele Ihrer Projekte sind im Bestand. Wo setzen Sie bei dieser herausfordernden Planungsaufgabe an?

Die Auseinandersetzung mit der gebauten Umwelt ist unsere Pflicht als Architekten. Heute ist schon so viel gebaut, es gibt kaum noch Grundstücke für Neubauten. Außerdem sollte uns bewusst sein, dass wir die wenigen Naturräume, die noch bleiben, erhalten müssen. Unser Entwurfsansatz im Umgang mit bestehenden Gebäuden variiert von Projekt zu Projekt, je nach Auftrag, verfügbarem Budget und Bauvorschriften. Wir beginnen immer mit dem Vorhandenen. Das betrifft nicht nur das Gebäude selbst, sondern auch viele andere Aspekte. Dann versuchen wir, das geforderte Raumprogramm zu integrieren.

Sie sind generell davon überzeugt, dass alle Bestandsbauten eine Zukunft haben?

Für uns ist es wichtig, den Bestand so umzubauen, dass das Gebäude auch lange nach unserer Intervention noch ganz verschiedene Nutzungen aufnehmen kann. Wir bereiten den Bestand auf die Zukunft vor. Mit unseren Bauherren behalten wir eine konkrete Nutzung im Auge und berücksichtigen gleichzeitig mögliche zukünftige Nutzungen. Auf diese Weise sorgen wir

Many of your projects involve adapting existing structures. What is your strategy for dealing with this challenging design task?

As architects, it is our duty to engage with built environments. Today, so much has been built already, and there are limited plots available for new buildings. We should also be conscious of preserving the few natural spaces we still have. Our approach to dealing with existing contexts varies from project to project, depending on the client, available budget, and regulations. We start with what is given, which includes not only the building itself but also many other considerations. From there, we try to introduce the required programme.

Does this mean you are generally confident that all existing buildings have a future?

For us, it is important to address existing structures in a way that makes them adaptable for different uses in the future, long after our intervention. We prepare buildings for the future, providing an immediate purpose with the client while accounting for other possible functions over time. In this way, we ensure that buildings can thrive, protecting them from decay and offering a forward-looking perspective.

Manifest für das Weiterbauen:
In den Innenräumen von Haus Rot-Ellen-Berg sind Baustellengerüste und Schalungselemente für Beton dauerhaft eingesetzt.

Manifesto for adaptive reuse:
Construction site scaffolding and concrete formwork elements become permanent fixtures in House Rot-Ellen-Berg's interior.

dafür, dass sich Gebäude entwickeln können. Wir bewahren sie vor dem Verfall und geben ihnen eine Perspektive für eine offene Zukunft.

Wie gehen Sie mit den konkreten Bedürfnissen der Bauherren und mit neuen Funktionen um?

Haus Rot-Ellen-Berg in der Nähe von Gent war ein Café, bevor wir es 2013 renovierten. Das Gebäude war zu groß als neues Zuhause für die Bauherrenfamilie. Deshalb haben wir Böden und Decken entfernt, um schließlich im Wesentlichen ein neues Haus im alten zu errichten. Dabei haben wir die typischen Gerüste und Schalungselemente verwendet, die auf Baustellen gewöhnlich zum Gießen von Beton eingesetzt werden. Sie sind normalerweise provisorisch, aber wir verwandelten sie in dauerhafte Elemente. So konnten wir die Kosten reduzieren und die Konstruktion einfach halten. Eine ideale Lösung für die Bauherrenfamilie, die ihr Haus aufgrund eines begrenzten Budgets selbst bauen wollte. Außerdem kann das neue Haus leicht demontiert werden, ebenfalls im Do-it-yourself-Verfahren. So wird das Bestandsgebäude irgendwann wieder für etwas Anderes verfügbar. Für eine neue Zukunft.

How do you manage needs and functions when adapting existing structures?

House Rot-Ellen-Berg near Ghent used to be a cafe before we renovated it in 2013. The building was too large for the family that wanted to use it as a new home, so we removed the floors and ceilings. Then we essentially built a new house within the old one, using the typical props and tables you often find on construction sites to create floors and walls. These systems are usually temporary, but we transformed them into permanent building components. This approach

Auch beim Umbau des Caritas-Gebäudes in Melle sind Sie unkonventionell vorgegangen.

Wir entschieden uns dafür, innerhalb des bestehenden Volumens Plätze mit Gemeinschaftsbereichen auf verschiedenen Ebenen zu schaffen. Wir hatten das Gefühl, dass alles, was wir brauchen, bereits vorhanden war: der Gebäudekörper selbst und seine Räume. Es ging nur darum, diesen Bestand anders zu betrachten und sich zu überlegen, wie man ihn neu nutzen kann. Durch das Entfernen einiger Elemente wurde das Gebäude zu einem offenen Raum, wobei sein ursprüngliches Volumen erhalten blieb. So kann es auf unterschiedliche Weise genutzt werden und in Zukunft auch neue und andere Nutzungen aufnehmen.

Braucht es für diesen Ansatz besonders mutige Investoren und Bauherren?

Viele Investoren gehen davon aus, dass der Bestand nicht an neue Nutzungen angepasst werden kann. Aber es ist immer möglich, Wege zu finden, um bestehende Gebäude mit neuen Bauvorschriften in Einklang zu bringen. Je mehr man sich mit dem Bestand und mit den Vorschriften auseinandersetzt, desto deutlicher wird, dass kostengünstige Umbauten möglich sind. Als

reduced costs and made the construction straightforward. It was also an ideal solution for our clients, who wanted to build their house themselves because of their limited budget. The installations can be removed easily through a do-it-yourself approach, making the old structure available again for something else – for a new future.

You also took an unconventional approach when adapting the Caritas building.

We decided to create a square-like atmosphere within the existing volume, with community areas on different levels. It felt like everything we needed was already there: the building itself and its internal spaces. It was just a matter of looking at the existing structures differently and reinventing how to inhabit them. By removing some elements, the building became an open space while retaining its original volume. This enables it to be used in different ways and accommodate new programmes in the future.

Architekten haben wir die Pflicht, auf die Sichtweise von Investoren einzuwirken. Wir müssen sie ermutigen, nicht nur auf die Maximierung der Quadratmeterzahl zu achten, sondern sich darauf zu konzentrieren, interessante Räume mit Qualität zu schaffen.

Können Sie das Verhältnis zwischen Alt und Neu in ihren Projekten beschreiben?

Wir sehen die Relation von Alt und Neu als einen Tanz. Mit einem Partner oder einer Partnerin zu tanzen bedeutet, dass zwei verschiedene Charaktere zusammenarbeiten. Das Gleiche gilt für die Arbeit mit bestehenden Gebäuden. Die neuen Elemente müssen mit ihrem älteren Gegenüber harmonieren, beide Seiten müssen zusammenkommen. Beim Caritas-Projekt mussten wir die Stabilität des Bestands ertüchtigen. Wir haben dazu neue Betonsteine verwendet, anstatt die alten Ziegel zu imitieren. In unseren Augen ist die vielschichtige Geschichte von Gebäuden interessant. Das Bauen, Umbauen, Renovieren und Wiederverwenden von Gebäuden ist seit Jahrhunderten gängige Praxis. Warum sollte man dies nicht auch zeigen?

This type of approach likely requires particularly confident investors and clients, doesn't it?

Many investors assume that old buildings cannot be adapted to new uses. However, we believe it is always possible to find ways to do this and make existing buildings compliant with new regulations. The more you engage with existing structures and navigate the regulations, the more clear it becomes that cost-effective adaptations are achievable. As architects, we have the huge task of changing investors' perspectives, encouraging them to look beyond maximizing square metres. It is in their interest to focus more on creating interesting, quality spaces.

Can you describe the relationship between old and new in your projects?

We see their relationship as a dance. Dancing with a partner means two different entities working together. The same applies to working with existing buildings. The new construction must go well with its older counterpart. Both sides must somehow come together, like in our Caritas project, where we needed to reinforce the existing

Palais des Expositions in Charleroi, Belgien: Das riesige Gebäude wird durch die Intervention der Architekten aus Gent zu einem vielseitig nutzbaren öffentlichen Ort.

Palais des Expositions in Charleroi, Belgium: The intervention by the architects from Ghent transforms the huge building into a versatile public space.

Flandern hat eine ausgeprägte Baukultur, auch im Umgang mit dem Bestand. Halten Sie dies für ein regionales Merkmal?

Auf jeden Fall. Es gibt das Sprichwort, dass die Belgier mit einem Ziegelstein im Bauch geboren werden. Jeder will ein eigenes Haus, und sogar junge Menschen wollen das, noch bevor sie Kinder haben. Da viele von ihnen nicht über ausreichende finanzielle Mittel verfügen, nehmen sie so viel wie möglich selbst in die Hand. Sie renovieren, bauen an und um. Überall in Flandern gibt es Häuser mit mehreren solchen Anbauten und Erweiterungen – Küchen, Bäder und Abstellräume – oft sind sie planlos aneinandergereiht. Daraus schöpfen wir unsere Inspiration. Sie sind vielleicht nicht ästhetisch perfekt, aber es gibt auch schöne Aspekte an diesen Anbauten. Denn letztlich zeigen sie, wie die Menschen den Bestand an ihre Bedürfnisse anpassen.

Das Ergebnis ist eine Ästhetik, die an eine Collage oder an ein Readymade erinnert – eine Architektur, die provisorisch wirkt und sich stets neu anpasst.

Ich halte es für sehr wichtig, dass wir uns daran erinnern, dass Gebäude einen langen Lebenszyklus haben. Leider wird das bei Neubauprojekten oft übersehen, Bestandsbauten werden zu schnell abgerissen. Statt sich nur auf das Recycling von einzelnen Materialien zu konzentrieren, sollten wir

structure due to stability concerns. But we chose to use concrete bricks instead of mimicking the old bricks. We believe the layered history of buildings is interesting. Building, rebuilding, renovating, and reusing buildings have been ongoing practices for centuries. Why not show this?

Flanders has a very strong building culture, especially in terms of adaptive reuse. Do you consider this a regional feature?

Absolutely. There is a saying that Belgians are born with a brick in their stomach – everyone wants a house of their own. Even young people strive for homeownership early on, often before starting a family. As many of them lack substantial funds at that life stage, they do as much as possible on their own, taking on renovations and additions themselves. Throughout Flanders you see houses with multiple self-built annexes – kitchens, bathrooms, and storage rooms – often tacked on haphazardly one behind the other. We draw inspiration from this. They may not be aesthetically perfect, but there are beautiful moments to be found in them. Ultimately, it is about people adapting existing buildings to suit their needs.

überlegen, wie wir ganze bestehende Gebäude und Strukturen für verschiedene Nutzungen wiederverwenden können. Zum Beispiel: Wie kann ein Parkhaus in einen Wohnblock umgewandelt werden? Unsere Entwürfe sollten es leicht machen, Gebäude im Laufe der Zeit für neue Nutzungen einzusetzen. Wir müssen über die starre Monofunktionalität hinausschauen, um zukünftigen Bedürfnissen Rechnung zu tragen.

The result is an aesthetic reminiscent of a collage or a readymade concept – an architecture that appears provisional yet adaptable.
I think it is essential for architects to remember that buildings have a long lifecycle. Unfortunately, this often gets overlooked in new construction projects; buildings are too quickly demolished. Instead of focusing solely on recycling individual materials, we should consider how to repurpose entire volumes and structures for different programmes. For instance, how can a parking garage be transformed into a housing block? Designs should make it easy to adapt existing buildings for new uses over time; we should look beyond rigid monofunctionality to accommodate evolving future needs.

# Verstehen, was schon da ist

An Fonteyne im Gespräch mit Florian Heilmeyer

# Understanding What Is Already There

An Fonteyne in Conversation with Florian Heilmeyer

Die Büroräume von Noa Architecten sind bereits ein Statement für den Umbau. Mit etwa 20 Mitarbeiterinnen und Mitarbeitern arbeiten die drei Partner An Fonteyne, Jitse van den Berg und Philippe Viérin in den hellen Räumen einer ehemaligen Papierfabrik im westlichen Zentrum von Brüssel. Das Team ist international, die Sprachen mischen sich so selbstverständlich wie überall in der belgischen Hauptstadt. Während die meisten anderen flämischen Büros ihre Karriere mit kleinen, privaten Aufträge beginnen, gewannen Noa 2001 zwei Wettbewerbe für Umbauten – und sind seitdem Spezialisten geworden für das Bauen im Bestand in allen Größenordnungen.

The main office of noAarchitecten is itself a resounding commitment to adaptive reuse. Together with 20 collaborators, the trio of partners, consisting of An Fonteyne, Jitse van den Berg, and Philippe Viérin, set up shop in the sunlit confines of a former paper mill in west-central Brussels. The team comprises members from around the world, and different languages come together here as naturally as they do anywhere else in the Belgian capital. While most other Flemish architecture practices start with small, private commissions, noAarchitecten debuted by winning two competitions for large-scale conversion projects in 2001 – and have since become specialists in building within existing contexts at all scales.

Euer Portfolio besteht zu einem Großteil aus Umbauprojekten. Wie kam es dazu?

Zufall und Glück. Es waren einfach die Chancen, die sich uns geboten hatten. Ich habe an der Universität in Gent studiert, dort habe ich auch Philippe [Viérin] kennengelernt. Umbau hat überhaupt keine Rolle gespielt. Es ging allein um Neubau.

Wie bist du dann zum Umbau gekommen?

Das erste Mal, als ich 1997 nach London gegangen bin und bei David Chipperfield gearbeitet habe. Das war damals noch ein kleines Büro, ich habe an zwei kleinen Projekten in London gearbeitet: einem Laden- und einem Wohnungsumbau. Am dritten Tag war ich bereits auf der Baustelle. Da habe ich hautnah erlebt, dass Umbau etwas sehr Architektonisches sein kann.

Chipperfield arbeitete damals auch am Wettbewerb für den Wiederaufbau des Neuen Museums in Berlin.

Ich war nicht im Team, aber wir haben alle beim Wettbewerb geholfen. Entworfen wurde vor allem mit großen Arbeitsmodellen, 1:25 und 1:33. Ich habe tagsüber an kleineren Projekten gearbeitet und abends bei den Modellen

Your portfolio consists mainly of conversion projects. What led you to specialize in that type of work?

Chance and luck. It was simply the opportunities that came our way. I studied at the University of Ghent, and it was there that I met Philippe [Viérin]. At that time, conversion projects weren't addressed; it was all about new construction.

How did you end up doing conversions?

My first exposure to conversion projects came in 1997 when I went to London to work for David Chipperfield. Back then, his practice was relatively small, and I had the opportunity to work on two modest projects in London: a store conversion and an apartment renovation. By the third day, I was already on the construction site. That's where I experienced firsthand that refurbishments can also have architectural merit.

Around the same time, David Chipperfield was involved in the competition to reconstruct the Neues Museum in Berlin.

I wasn't on the team, but we all helped with the competition. The

und Zeichnungen für den Wettbewerb geholfen. Der ganze Entwurfsprozess hat mir damals wirklich die Augen geöffnet. Die ganzen Gedanken an Autorenschaft und signature architecture wurden beiseitegelegt für die Frage, was für diese Ruine am besten sei. Es war faszinierend, als wir die große, alte Originaltreppe ins Modell einsetzten – nachdem wir viele alternative Treppen geprüft und ausprobiert hatten, wurde klar, dass die Originaltreppe die beste Lösung wäre. Das Gebäude sollte wieder funktionieren, wieder leben können, auf möglichst einfache und unmittelbare Weise. Wir beschäftigten uns auch mit historischen Beispielen, zum Beispiel der Reparatur der Alten Pinakothek in München nach dem Zweiten Weltkrieg durch Hans Döllgast. Ich hatte vorher noch nie von Döllgast gehört. Die zwei Jahre bei Chipperfield waren für mich als Architektin eine sehr prägende Zeit – in jeder Hinsicht [lacht].

Wie kam es dann zur Gründung von Noa Architecten?
Bei Chipperfield habe ich Jitse [van den Berg] kennengelernt. Wir haben uns verliebt und sind nach Berlin, wo er sein Studium noch abschließen musste. Ich hatte keinen Job und habe mit Philippe an Wettbewerben teilgenommen – ich in Berlin, er in Brügge, wo er im Büro seines Vaters arbeitete. Es gab

design work was done primarily using large models at scales of 1:25 and 1:33. During the day, I worked on smaller London projects, then helped on the competition in the evenings. The entire design process was a total eye-opener for me. In the Berlin project, any notions of personal ego or signature style were set aside in favour of what would be most beneficial for the dilapidated structure. I was fascinated by how the original staircase was built into the model. After developing multiple alternatives, it was decided that this actually was the best option. The goal became to restore basic function and vitality to the building in the most straightforward way. We also looked at historical examples, such as Hans Döllgast's reconstruction of the Alte Pinakothek in Munich; I had never heard of Döllgast before. My two years at Chipperfield were very formative for me as an architect – in every respect [laughs].

What prompted you to establish noAarchitecten?
At Chipperfield, I got to know Jitse [van den Berg]. We fell in love and relocated to Berlin, where he was finishing his architecture degree. During that period, I was between jobs and collaborated with

damals nicht viele Möglichkeiten für junge Architekten in Flandern. Philippe hat einen sehr großen Wettbewerb aufgetrieben, in Gent sollte ein ehemaliges Hafenviertel umgebaut werden. Ich fragte Jitse, ob er helfen könne, und so arbeiteten wir das erste Mal zusammen – und gewannen den Wettbewerb! Das Projekt wurde nie realisiert, aber wir bekamen 800.000 belgische Francs als Preisgeld. Das war eine enorme Summe damals! Für uns bedeutete das, dass wir erstmal keinen Job mehr brauchten. Eine große Freiheit, die wir nutzten, um eine Zeit lang nur an Wettbewerben zu arbeiten – es war damals so günstig, in Berlin zu leben, das Geld reichte uns eine ganze Weile [lacht].

Danach habt ihr zwei weitere Wettbewerbe gewonnen, die umgesetzt wurden: zwei Wettbewerbe 2001 für den Umbau eines Bankgebäudes zum Rathaus von Kortrijk, dann 2002 für den Umbau des historischen Rathauses in Menen.

Das Rathaus in Kortrijk war unser erster Bau. Man muss dazu sagen: Das Projekt war wirklich sehr unattraktiv. Eine echte Herausforderung. Es ging um ein scheußliches Bankgebäude aus den 1960er-Jahren, das nach vielen An- und Umbauten in einem schlechten Zustand war. Die Stadt hatte viel

Philippe on various architectural competitions. While I was based in Berlin, he was in Bruges, working in his father's architectural firm. Opportunities for young architects in Flanders were scarce at that time, but Philippe had come across a significant competition opportunity: the transformation of a former port district in Ghent. I asked Jitse if he could help, and so we worked together for the first time – and won the competition! The project was never built, but we received 800,000 Belgian francs as prize money – an enormous sum back then! Winning the competition meant we didn't have to search for work for a while and it granted us newfound liberty to do more competitions. Plus, Berlin was such an affordable place to live back then [laughs].

Subsequently, you won two more competitions, both successfully realized: the conversion of a bank building into the Kortrijk town hall in 2001 and the renovation of the historic town hall in Menen in 2002.

The town hall in Kortrijk marked our first construction project. It's important to note that the project presented some significant

Eines der ersten Projekte von Noa war bereits ein Umbau: das Rathaus in Menen (2002—2007).

One of noAarchitecten's first projects was the conversion of the town hall in Menen (2002—2007).

Umbau und zeitgenössische Ergänzung der Wassermühle Hertogenmolens in Aarschot (2004-2010)

Renovation and contemporary addition to the Hertogenmolens water mill in Aarschot (2004-2010).

Geld für das Gebäude ausgegeben, also standen Abriss und Neubau nicht zur Debatte. Der Umbau war daher eine Voraussetzung im Wettbewerb.

Wie habt ihr euch dem Entwurf genähert?
Wir versuchten, unser Wissen aus der Zeit bei Chipperfield anzuwenden: uns auf das zu verlassen, was da ist. Wir studierten alte Pläne und begriffen, dass unter all den abgehängten Decken und aufgeständerten Fußböden eine schöne, schlichte, schlanke Ortbetonstruktur stecken musste. Das wurde unser Vorschlag: das Gebäude zu „entkleiden", um die Struktur sichtbar zu machen. Dazu ein paar neue Öffnungen im Dach, um Tageslicht reinzubringen, darüber schlichte Gewächshäuser als Oberlichter. An den Fassaden entfernten wir die Backsteine und setzten eine doppelte Glasfassade davor, um Transparenz zu erzeugen. So ein bisschen, als würde man die Büroräume und alle Mitarbeitenden ins Schaufenster stellen, wie etwas sehr Kostbares.

Nach der Fertigstellung ist das Rathaus eine Referenz in Flandern geworden. Jedenfalls ist mir aufgefallen, dass es in vielen Gesprächen über Umbau in Flandern immer wieder genannt wird.

challenges. It involved an unsightly bank building from the 1960s that was hardly ideal for housing the public administration. The city had paid a lot of money for the building, so demolition and new construction were out of the question.

What was your design strategy?
We tried to learn from the Chipperfield time: we trusted in what was there. Studying old plans, we discovered that beneath the added dropped ceilings and raised floors, there was a beautiful, simple, slender exposed in-situ concrete structure. That became our proposal: to strip the building and reveal its structure. A few openings in the roof, with standard greenhouses acting as skylights, would bring in daylight. We also stripped its brick facade and redressed the structure with a double-glass layer, creating a sense of transparency towards the interior, almost like putting the offices on display – like something highly valuable.

Since its completion, the town hall has become a reference in Flanders. It is often cited in discussions about renovation and remodelling – still a truly flattering compliment for us. The project

Das ist ein schönes Kompliment für uns. Es wurde viel darüber berichtet; das Rohe, das Unfertige hat viele interessiert – und das kleine Budget natürlich! [lacht] Dabei war es für uns anfangs sicher kein attraktives oder vielversprechendes Projekt. Aber je mehr wir der Struktur zu vertrauen lernten, desto überzeugter waren wir, dass das Gebäude doch eine bestimmte Qualität aufwies.

Hattet ihr Vorbilder oder Inspirationen für diese Herangehensweise? Stéphane Beel hatte in den 1990er-Jahren eine Joghurt- und Milchfabrik in Eeklo zum Bürogebäude einer Krankenkasse umgebaut. Ich halte es immer noch für eines seiner besten Projekte. Er ist recht ruppig mit dem Bestand umgegangen, fast brutalistisch. Und es gibt das Projekt Tacktoren in Kortrijk, auch von ihm. Das ist ähnlich, der Umbau eines Brauereiturms zum Kunstzentrum. Das waren zwei wichtige Referenzen. Philippe hat fünf Jahre lang bei Beel gearbeitet. Vielleicht kamen bei uns dreien die Ansätze von Beel und Chipperfield irgendwie zusammen, sodass daraus etwas Neues, etwas radikal Anderes entstehen konnte.

garnered a lot of media attention; many people were captivated by its raw, unfinished aesthetic – and its low budget, of course! For us, it did not start as a very attractive or promising project. But the more we trusted the structure, the more we were convinced of its intrinsic qualities.

Did you have any role models or inspirations that shaped your approach?

In the 1990s, Stéphane Beel converted a yoghurt and milk factory in Eeklo into an office building for a health insurance company. I still think it is one of his best projects. His approach to the existing structures was rather rough, almost Brutalist. Then there is his Tacktoren project in Kortrijk. It was a similar project, involving the conversion of a brewery tower into an art centre. Those were two important references. Philippe worked at Beel for five years. Between the three of us, perhaps the influences of Beel and Chipperfield converged, although giving rise to something new and radically different.

Gab es weitere Referenzen?

Eher indirekt, denke ich. Damals war das Palais de Tokyo von Lacaton & Vassal in Paris gerade fertig geworden. Wir haben es nicht gleich besucht, aber wir kannten die Veröffentlichungen. Und wir kannten die Tate Modern in London von Herzog & de Meuron. Natürlich war keines davon mit unserem kleinen, hässlichen Bankgebäude in Kortrijk vergleichbar. Aber die Methodik war inspirierend und bestätigte uns in gewisser Weise in unseren Überlegungen, dass der Umbau ruhig etwas unfertig sein darf, dass er auch Kontraste und Widersprüche aushält.

Wie war das bei dem Rathausumbau in Menen?

Dort ging es um ein denkmalgeschütztes Ensemble am Marktplatz, der Glockenturm aus dem 16. Jahrhundert ist das Wahrzeichen von Menen. Das Ensemble war über Jahrhunderte immer wieder umgebaut worden, wir fanden ein ziemliches Chaos vor. Wir beschäftigten uns mit den alten Plänen, um das Chaos zu verstehen – wie bei einem schönen, verwilderten Garten. Versteht man erst einmal die zugrundeliegende Struktur und wie das alles zustande kam, dann lassen sich immer Ansatzpunkte finden, um das Ganze aus sich selbst heraus sinnvoll neu zu ordnen. Das haben wir bei vielen un-

Were there any other references?

More indirectly, I think. At that time, the Palais de Tokyo in Paris by Lacaton & Vassal had just been completed. We didn't visit it right away, but we knew the publications. And we knew the Tate Modern in London by Herzog & de Meuron. Of course, neither of those were comparable to our small, ugly bank building in Kortrijk. But their methodology was inspiring and, in a sense, reaffirmed our belief that a conversion could embrace a certain unfinished quality, and accommodate contrasts and contradictions.

How did you tackle the conversion of the town hall in Menen?

In that case, the project revolved around a listed ensemble located at the market square, with the 16th-century bell tower serving as a landmark for Menen. The ensemble had undergone numerous changes over the centuries, and we encountered a shambolic situation. We studied the old plans to make sense of the chaos – as with a beautiful, overgrown garden. Once you grasp the underlying structure and the evolution of the space, you can always identify inherent

serer Umbauprojekte so gemacht: in Aarschot beim Umbau einer denkmalgeschützten Wassermühle aus dem 16. Jahrhundert, beim Umbau des ehemaligen Stadtgefängnisses in Hasselt für die juristische Fakultät, bei der Rathauserweiterung in Lo-Reninge oder jüngst beim Umbau von Het Steen in Antwerpen.

Geht es vor allem darum, dass das Gebäude wieder funktioniert?
Was wir vor allem gelernt haben, ist, dass Gebäude sehr wandlungsfähig sind. Wenn man erst einmal verstanden hat, dass selbst ein Gefängnis mit seiner sehr speziellen Typologie aus kleinen Zellen und langen Fluren zu einem guten Universitätsgebäude werden kann – dann scheint auf einmal alles möglich zu sein! Deswegen denke ich, dass wir den Erhalt und die Umnutzung bestehender Gebäude noch viel stärker in den Vordergrund stellen müssen. Wir sollten niemals annehmen, dass das nicht passen könnte oder dass eine neue Nutzung sowieso nicht möglich ist. Zuzulassen, dass der Auftrag auch vom bestehenden Gebäude geformt und verändert wird, führt zu wunderbaren Überraschungen. Aktuell arbeiten wir an einer Citroën-Werkstatt in Brüssel, die ein Kunstmuseum werden soll. Diese Transformation zu sehen, ist sehr aufregend.

cues to reorganize the entire space in a meaningful way. We have applied this tactic to many of our projects involving existing structures, such as the conversion of a 16th-century listed water mill in Aarschot, the transformation of the former city prison in Hasselt into the university's law department, the extension of the town hall in Lo-Reninge, and most recently, the adaptive reuse of Het Steen in Antwerp.

Is the primary objective always to restore the building's functionality?

Our most profound lesson is that buildings are extremely versatile. Once you understand that a prison, with its very distinct cell wing typology, can transform into a university building, everything seems possible. This is why we should champion the preservation of buildings and resist the immediate assumption that they are unsuitable. Allowing a brief to be shaped by the building that will house it often leads to wonderful surprises. Currently, we are working on the conversion of a Citroën garage into an art museum – it's very exciting.

Gibt es noch etwas anderes, das ihr vom Umbau gelernt habt? Jeder Umbau ist einzigartig, sehr komplex in sich. Eine Sache behandeln wir in der Praxis jedenfalls völlig anders, als wir es im Studium gelernt haben. Dort ging es ja nie um Umbau, sondern immer nur um Neubauten, und da sollte die Architektur immer „ehrlich“ sein. Alles sollte klar ablesbar sein: ein „ehrliches“ Tragwerk, eine „ehrliche“ Verwendung der Materialien und so weiter. Dieses Dogma haben wir inzwischen abgelegt. In Menen zum Beispiel haben wir entschieden, dass eine fiktive Interpretation der Geschichte viel besser passen würde: Ursprünglich war der Innenhof auf drei Seiten von Bögen gesäumt. Wir fanden, dass die Einheit der sehr unterschiedlichen Häuser mit einer durchgehenden Arkade um den Hof noch viel stärker werden würde – also fügten wir drei Bögen hinzu. Die sehen genauso aus wie die historischen. Wir fragten uns, ob das akzeptabel sei. Aber dann fanden wir die Idee immer überzeugender. Die lange, kontinuierliche Umbauge-

Seit 2017 bauen Noa mit Sergison Bates und EM2N Architekten eine ehemalige Citroën-Garage in Brüssel zum Kulturzentrum Kanal um.

Since 2017, noAarchitecten has been working with architects Sergison Bates and EM2N to convert a former Citroën garage in Brussels into the KANAL cultural centre.

Is there anything else you have learned from conversions? Each conversion is unique, with its own set of complexities. However, there is one aspect where our practical approach diverges quite significantly from what we learned at university. There, the focus was never on reconstruction but always on new construction, with architecture defined by its “honesty”. Everything needed to be transparent: an “honest” supporting structure, an “honest” choice of materials, etc. We have since moved away from that dogma. In Menen, for example, we believed a fictional interpretation of history

schichte eines Gebäudes kennt keinen endgültig fertigen Zustand. Man darf den Prozess ruhig fortsetzen und ein paar neue Teile hinzufügen, die nicht explizit neu aussehen müssen.

Schreibt ihr deswegen in eurem Profil, dass es für Noa Architecten keine strikte Trennung zwischen Vergangenheit und Gegenwart gibt?

Genau. Wir können die Erzählung fortsetzen. Die Vergangenheit ist weder heilig noch perfekt. Gebäude sind immer umgebaut worden. Gebäude wie das Neue Museum in Berlin, das Palais de Tokyo in Paris oder die Tate Modern in London zeigen uns, dass Architektur heute wieder sehr viel komplexer sein darf als nur die binäre Trennung in Schwarz oder Weiß, Früher oder Heute. Seit wir das begriffen haben, macht es uns noch mehr Spaß, mit bestehenden Gebäuden zu arbeiten.

would be much more fitting. Originally, the courtyard was flanked by arches on three sides. We felt that the unity of the very diverse buildings would benefit from a continuous arcade. So we added three arches – they look exactly like the historical ones. At first, we wondered whether such an intervention would be acceptable. But as we delved into the concept, we found the idea increasingly compelling. A building's long, ongoing conversion history knows no final, finished state. It's perfectly okay to continue the process and add a few elements that don't look explicitly new.

Is that why your profile states, "For noAarchitecten there is no strict line between the past and the present"?

Exactly; we can continue the narrative. The past is neither sacred nor perfect. Buildings have always undergone reconstruction and adaptation. Examples like the Neues Museum in Berlin, the Palais de Tokyo in Paris, and Tate Modern in London show us that architecture today is once again allowed to be much more complex than the binary division into black or white, past or present. Since recognizing this, we've enjoyed working with existing buildings even more.

# Seien wir behutsam und nicht zu roh zum Bestand

Paul Robbrecht im Gespräch mit Sandra Hofmeister

# Let's Be Gentle and Not So Rough on the Stock

Paul Robbrecht in Conversation with Sandra Hofmeister

Robbrecht en Daem Architecten haben viel Verständnis und Gespür für historische Gebäude und denkmalgeschützte Monumente. 1975 gründete Paul Robbrecht gemeinsam mit Hilde Daem das Architekturbüro Robbrecht en Daem Architecten in Gent, später kam Johannes Robbrecht hinzu. Die internationalen Projekte des flämischen Architekturtrios zeichnen sich durch kluge Interventionen in den urbanen und architektonischen Kontext aus. Paul Robbrecht erläutert, wie er dabei vorgeht.

Robbrecht en Daem architecten has a profound understanding and respect for historic buildings and listed monuments. In 1975, Paul Robbrecht co-founded Robbrecht en Daem architecten in Ghent with Hilde Daem, with Johannes Robbrecht later joining as a partner. The Flemish architecture studio works on projects worldwide, designing thoughtful interventions in urban and architectural settings. Paul Robbrecht provides insight into their approach.

Sie haben viel Erfahrung mit denkmalgeschützten Gebäuden gesammelt. Wie gehen Sie deren Sanierung und Erweiterung an?

Wir hatten schon immer großes Interesse an Geschichte allgemein und an historischen Gebäuden und Standorten im Besonderen. Unser Büro liegt in Gent, dort haben alle Neubauten einen historischen Kontext. Gerade im Zentrum, zwischen all den gotischen Kirchen. Was mich interessiert, ist der Dialog zwischen Gegenwart und Geschichte. Es geht nicht darum, Geschichte zu kopieren, sondern darum, sich ihrer bewusst zu sein und eine Verbindung zu schaffen.

Welche Rolle spielt die zeitgenössische Architektursprache bei Sanierungen?

Sie kann Einflüsse aus der Umgebung aufnehmen und Bezüge zum vorgefunden Kontext oder Bestand herstellen, ohne ihn zu imitieren. Die Architektursprache unserer Zeit hat in meinen Augen die Aufgabe zu vermitteln, dass es sich um besondere Orte handelt. Sie kann die Menschen dazu auffordern und ermuntern, genau hinzusehen, die Wahrnehmung zu schärfen und sich eines Ortes bewusst zu werden. Nach diesem Prinzip gehören Alt und Neu zusammen, weil sie sich gegenseitig ergänzen.

Given your wealth of experience with listed buildings, how do you approach their renovation and extension?

We've always had tremendous interest in history overall and historical buildings specifically. Our office is based in Ghent, where numerous new structures are integrated into the historical city centre, surrounded by Gothic churches. I'm fascinated by the dialogue between our present time and history. It's not about replicating the past but being conscious of it and creating a relationship between the new and the old.

How does contemporary architectural language factor into refurbishments?

A contemporary architectural language, in our view, should absorb influences from the surroundings, and establish connections with the existing context or building without resorting to imitation. It should convey the spirit of a place, inviting people to take a closer look, sharpening their perception and heightening their awareness of the location. Old and new should coexist, complementing each other.

Durch die Intervention von Robbrecht en Daem wurde die historische Börse in Brüssel zu einem lebendigen öffentlichen Ort. Rechte Seite: Die neue Dachterrasse auf dem historistischen Gebäude

The historic Brussels Stock Exchange was transformed by Robbrecht en Daem into a lively public space.
Right: A new roof terrace now graces the historicist building.

Ist das ein Charakteristikum der flämischen Baukultur generell – die selbstverständliche Verbindung von Alt und Neu?

In Flandern gibt es heute kaum noch Natur. Natürlich ist noch ein bisschen etwas übrig, aber nicht wie in anderen Landstrichen Europas. Wir leben in einer extrem hohen Dichte und sind überall mit urbaner Geschichte konfrontiert. Deshalb ist es grundsätzlich notwendig, über den Umgang mit dem historischen Bestand nachzudenken. Er ist Teil unseres Alltags.

Wie gehen Sie an diese Aufgabe heran?

Zuerst versuchen wir, den Bestand zu verstehen und so viel wie möglich darüber in Erfahrung zu bringen. Warum steht dieses Gebäude an diesem Ort? Warum wurde es so gebaut? Erst im Anschluss denken wir über Ergänzungen, Veränderungen und neue Funktionen nach.

Is this combination of old and new a hallmark of Flemish building culture?

Flanders today possesses few remaining natural spaces. Although a small amount still exists, it pales in comparison to other parts of Europe. The region's high development density means that we encounter urban history at every turn. This reality requires us to reflect on how to handle the historical existing stock, which has become an integral part of our everyday life.

How do you navigate this challenge?

The first step involves understanding the historical building and its purpose. Why was it constructed, and why in this manner? Only then do we contemplate potential additions, modifications, and new uses.

Viele historische Gebäude müssen neue Nutzungen finden, wie zum Beispiel die historische Börse in Brüssel. Sie mussten also mit ihrer Intervention dem Gebäude einen neuen Sinn geben. Wie geht das?

Die Börse ist ein eklektisches Denkmal aus dem späten Klassizismus. Wir haben uns gefragt, wie dieses Monument zu einem Gebäude unserer Zeit werden kann. Das Besondere an ihm ist der herausragende Standort in Brüssel: Auf der einen Seite der Börse liegt das mittelalterliche Stadtzentrum und auf der anderen das moderne Brüssel. Unser Ansatz war, beide urbanen Systeme durch das Gebäude zu verbinden.

Nach acht Jahren wurde die Sanierung der Börse kürzlich fertiggestellt. Was haben die Bürgerinnen und Bürger davon?

Sie können jetzt vom Grote Markt – dem zentralen Markt Brüssels – durch die Börse hindurch bis zum großen Boulevard spazieren. Wir haben das Sockelgeschoss geöffnet und neue Durchgangswege möglich gemacht. Das Gebäudekonzept entspricht auch im Inneren einem neuen öffentlichen Platz: Es gibt diese hohe Kuppel und eine große Halle – dort können Passanten sich auf alte Bänke setzen, die richtig bequem sind, oder einfach durch das Gebäude flanieren. Wir haben uns Mühe gegeben, viel natürliches Licht in die Räume zu

Many historic buildings must find new uses, like the former Brussels Stock Exchange. How did your intervention breathe new meaning into this iconic structure?

The Stock Exchange stands as an eclectic late-classicist monument from the 19th century. We considered how to transform it into a structure that resonates with our contemporary era. One of its great strengths lies in its outstanding location, with the medieval centre on one side and modern Brussels on the other. Our approach was to connect these two urban systems through the building.

The renovation of the Stock Exchange took eight years and was completed in 2023. What added value does it now provide to the citizens?

Now, you can walk from the Grote Markt, Brussels' central market, through the building to the city's main boulevard. We opened up the basement to establish new pathways. The architectural concept introduces a new indoor public plaza – the expansive hall with its lofty cupola. Passers-by can unwind on the hall's old benches, which are surprisingly comfortable, or take a leisurely stroll through the building.

lenken. Es gibt Ausstellungen, Restaurants und einen Ticketschalter für das Biermuseum in den Obergeschossen. Ein System aus Aufzügen und Treppen lässt Besucher den großen Raum vertikal erfahren. In der Panoramabar ganz oben öffnet sich ein atemberaubender Ausblick über die Stadt.

Sie haben in der letzten Jahrzehnten viele Interventionen in Bestandsgebäuden aus verschiedenen Epochen umgesetzt. Die Börse ist aus dem 19. Jahrhundert, die Universitätsbibliothek von Henry van de Velde in Gent aus der Moderne und das Rubenshaus in Antwerpen geht auf das 17. Jahrhundert zurück. Haben Sie ein Lieblingsjahrhundert?

Das habe ich eigentlich nicht, alle sind spannend. Im Fall von Van de Velde und Rubens habe ich nicht nur die Architektur, sondern auch die Persönlichkeiten studiert. Peter Paul Rubens zum Beispiel war ein unglaublicher barocker Universalist. Er war nicht nur Maler, sondern auch Diplomat und Schriftsteller. Ich glaube, das Einzige, was er nicht war, ist Musiker. Rubens hat sich für Architektur interessiert. Er hat einen kleinen Gartenpavillon für sein Haus entworfen und ein Buch über die Paläste von Genua geschrieben. Natürlich hatten wir das Buch studiert, um zu verstehen, wie dieser Ausnahmekünstler auf Architektur geblickt hat.

We ensured that abundant natural light permeates the spaces. The upper floors feature exhibitions, restaurants, and a ticket counter for the beer museum. A system of staircases and elevators provides visitors with a vertical experience of the massive space. The sky bar at the top offers breathtaking views across the city.

Over the last decade, you have undertaken many interventions in existing structures from various eras: the 19th-century Stock Exchange, the modernist library in Ghent by Henry van de Velde, and the 17th-century Rubens House in Antwerp. Do you have a favourite century?

I don't really – they're all exciting. With Van de Velde and Rubens, I studied not only their architecture but also their personalities. Rubens was an incredible Baroque universalist. He was a painter, diplomat, and writer – pretty much everything but a musician. And he was interested in architecture. He designed a small garden pavilion at his residence and wrote a book about the palaces of Genoa. We consulted his writings to understand this phenomenal artist's architectural outlook.

Inwiefern hat das den Entwurf für die Erweiterung des Rubenshauses beeinflusst?

Ganz einfach: Wir wollten ein Gebäude entwerfen, das Rubens akzeptiert oder sogar gemocht hätte. Das Rubenianum ist in erster Linie eine Bibliothek, hier werden die Bücher und Briefe von Rubens aufbewahrt. Unsere Idee war, das Gebäude wie ein Bücherregal zu konzipieren, entsprechend der ursprünglichen Pläne für das historische Gebäude, in dem Rubens seine riesige Bibliothek aufbewahren wollte.

Glauben Sie, jedes Gebäude sollte bewahrt werden?

Natürlich sprechen wir heute viel über Kreislaufwirtschaft und Recycling. Ich glaube, dass wir uns manchmal eingestehen müssen, dass nicht jedes Gebäude erhaltenswert ist. Aber in den meisten Fällen wohl schon. In Rotterdam soll gerade ein von uns errichtetes Gebäude abgerissen werden, können Sie sich das vorstellen? Ich setze mich vehement dagegen ein – notfalls gehe ich bis zum Äußersten. Die Niederlande haben ihre eigene Geschichte, ich glaube in Flandern sind wir viel kritischer, wenn es um das Abreißen geht. Wir fragen uns immer, ob das Gebäude stehen bleiben kann.

How did this influence your design for the Rubens House extension?

In this case, it was very simple: We aimed to make a building that Rubens would have liked. The Rubenianum is, above all, a library housing his books and letters. Our idea was to design the building like a bookshelf, based on plans of the original structure where Rubens kept his enormous collection of books.

Should we aim to keep every building intact?

Certainly, there is considerable discourse on the circular economy and recycling today. But sometimes, we must admit that not every building is worth retaining – even though the majority are. In Rotterdam, one of our buildings from 2003 faces demolition. Can you believe it? We are fighting against this decision and will do everything in our power to prevent it. But the Netherlands has its own unique historical context. In Flanders, we have a much more critical stance towards demolition, and are always considering the potential for preserving buildings.

kizze von Paul Robbrecht zur komlexen Sanierung und Erweiterung es Bücherturms und der Universitätsibliothek in Gent

Sketch by Paul Robbrecht for the elaborate renovation and extension of the book tower and university library in Ghent

Sie haben in den 1970er-Jahren Architektur studiert. Damals war das Bauen im Bestand noch kein Thema, oder?

Als ich 1974 mein Studium abschloss, kam die Ölkrise. Es gab wirklich keine Arbeit für Architekten. Deshalb habe ich unterrichtet, und ich bin viel gereist damals. Unsere ersten Projekte waren durchaus im Bestand – die Finanzlage war für Bauherren so schwierig, dass neu bauen für viele nicht möglich war.

Ist das Bauen im Bestand Teil der Baukultur in Flandern?

Jedenfalls ist in Flandern die Haltung verbreitet, dass das Bauen im Bestand ebenso interessant ist wie ein Neubau. Das gilt für junge Studios ebenso wie für unser Büro. Außerdem denken sich viele Menschen: Warum sollen wir noch mehr Fläche versiegeln? Wir können auch nutzen, was wir schon haben, anstatt neues Land dafür zu verbrauchen. Und wir denken gerne und viel darüber nach, wie wir Bestandsgebäude nutzen können, was wir mit ihnen machen können. Gehen wir behutsam und nicht zu roh mit ihnen um. Lasst sie uns nicht einfach wegwerfen!

Was adaptive reuse discussed when you studied architecture in the 1970s?

The oil crisis struck just as I completed my studies in 1974, resulting in a scarcity of job opportunities for architects. So I quickly transitioned to teaching and had the flexibility to travel extensively. All of our early projects were in existing buildings – the economic situation made it financially unfeasible for many developers to undertake new construction.

Do you consider adaptive reuse a fundamental aspect of Flemish building culture?

In any case, there is a widespread belief in Flanders that adaptive reuse is just as interesting as designing entirely new structures. This perspective is shared by both emerging and established architects' studios like ours. Moreover, many now question the need for further land consumption when we can use what we already have. So we repeatedly ask: How can we tap into the potential of existing buildings? Let's be gentle and not so rough on the stock. Let's not just throw it all away.

# ❼ Robbrecht en Daem architecten
## Boekentoren in Gent / Ghent

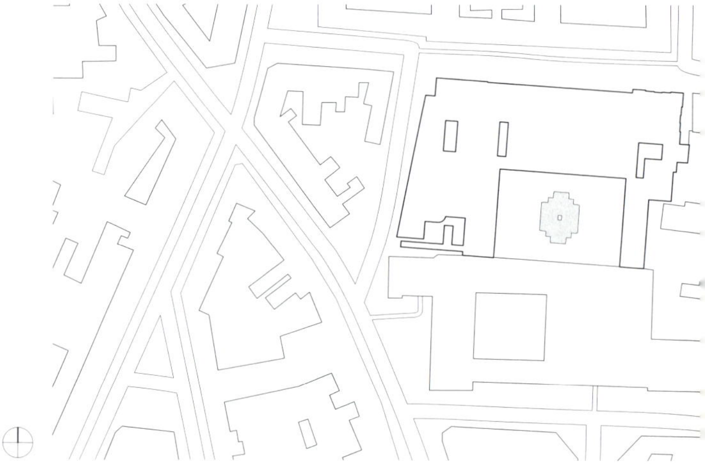

Lageplan
Maßstab 1:3000

Site plan
Scale 1:3000

## Neues Leben für die Welt der Bücher

Der Boekentoren (Bücherturm) in Gent ist eine Ikone der Moderne und ein Spätwerk von Henri van de Velde. Mit 64 Metern Höhe schiebt sich das Herzstück der Universitätsbibliothek zwischen die historischen Kirchtürme der Stadt. Robbrecht en Daem Architecten haben das denkmalgeschützte Wahrzeichen aus den 1930er-Jahren samt den weitläufigen Lesesälen, Archiven und Verwaltungsräumen renoviert, ergänzt und an heutige Bedürfnisse angepasst. Ihre Intervention ist kaum sichtbar und umso wirkungsvoller. Das Gesamtkunstwerk wurde klima- und brandschutzertüchtigt, die neue Gebäudetechnik bleibt unter den restaurierten Oberflächen unsichtbar. Für wertvolle Dokumente entstand ein neues dreigeschossiges, klimatisiertes Depot unter dem Innenhof. Ein neuer Eingangspavillon bündelt die Besucherströme. Dank des sorgfältigen Rückbaus sind die historischen Gestaltungsdetails von van de Velde omnipräsent. Das geometrische Muster der Böden aus belgischem Marmor ist in den Decken aufgegriffen, ein ruhiger Rhythmus aus Fensteröffnungen und Stützen strukturiert die weitläufigen Räume. Im lichtdurchfluteten Lesesaal ist heute nur mit Mühe ein freier Platz zu finden. In den 24 Etagen des Turms befinden sich nach wie vor die Bücher. Doch hinter der sanierten Bestandsfassade ist eine zweite Betonhülle eingezogen, um die Sammlungen zu klimatisieren. Hoch oben im Belvedere öffnet sich der luftige Vortragsraum mit 360-Grad-Blick über Gent. Ein stolzes Zeichen für das Wissen in der Universitätsstadt. sah

## Book Tower Rejuvenation

The Boekentoren (Book Tower) in Ghent, a modernist masterpiece and late work by Henri van de Velde, rises 64 metres tall at the heart of the city, amidst historic church towers. As the heart of the Ghent University Library, this 1930s landmark underwent a comprehensive renovation by Robbrecht en Daem architecten, adapting and expanding its spacious reading rooms, archives, and administration spaces to meet contemporary needs. The architects' intervention is subtle yet highly effective. The entire structure was fortified against climate and fire risks, discreetly concealing modern building technology beneath restored surfaces. A new three-storey, air-conditioned depot was constructed beneath the inner courtyard to safeguard valuable documents, while a streamlined entrance pavilion efficiently manages the flow of visitors. Careful dismantling during the renovation ensured that historical design details by van de Velde are omnipresent. The geometric patterns of the Belgian marble floors resonate in the ceilings, while a serene rhythm of window openings and pillars structures the expansive rooms. Securing a seat in the well-lit reading room can be challenging due to its popularity. The library's vast collection of books remains spread across the tower's 24 floors, but a new concrete shell discreetly installed behind the refurbished facade now ensures an ideal climate for the precious literary treasures. Crowning the book tower is a large lecture hall, offering a 360-degree panorama of Ghent – a fitting symbol of knowledge in this university city. sah

Ort / Location: Gent / Ghent, Rozier 9 Bauherr / Client: Universität Gent / Ghent University
Tragwerksplanung / Structural engineering: Bureau d'Etudes Greisch Bauleitung / Execution architects: SumProject, Baro Architectuur Sanierung / Restoration: Barbara Van Der Wee architects Fertigstellung / Completion: 2021 ugent.be

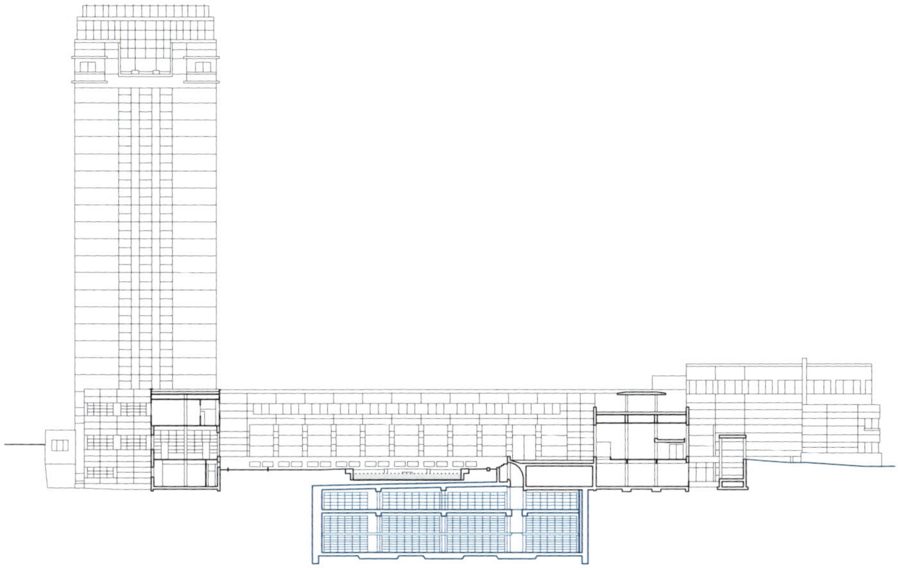

Schnitt/Grundriss
Maßstab 1:1000

1 Eingang Rozier
2 Information
3 Großer Lesesaal
4 Zeitschriftenlesesaal
5 Lesesaal besondere Sammlungen
6 Arbeitsraum besondere Sammlungen
7 Durchgang
8 Konferenzsaal
9 Turm
10 Büros
11 Multimediazentrum
12 Auditorium
13 Hof
14 Stiller Garten
15 Eingang Sint-Buertusstraat

Section/Floor plan
Scale 1:1000

1 Entrance on Rozier
2 Information
3 Main reading room
4 Periodicals reading room
5 Special Collections reading room
6 Special Collections workspace
7 Passage
8 Conference room
9 Tower
10 Offices
11 Multimedia centre
12 Auditorium
13 Courtyard
14 Silent garden
15 Entrance on Sint-Buertusstraat

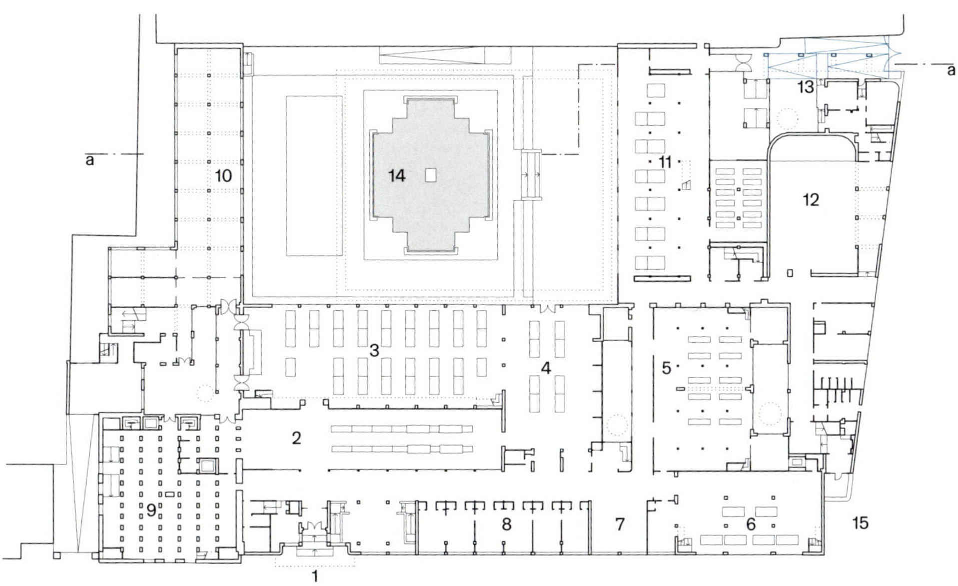

Hoch oben im Belvedere des Bücherturms (oben). Der große Lesesaal ist so beliebt wie noch nie (unten). Der neue Eingang fügt sich nahtlos in den sanierten Bestand (rechte Seite).

High up in the book tower belvedere (above). The large reading room (bottom) is more popular than ever. The new entrance pavilion seamlessly integrates into the renovated building (right).

# 8 evr-architecten, Callebaut Architecten

## Sonderschule in Gent / Special Needs School in Ghent

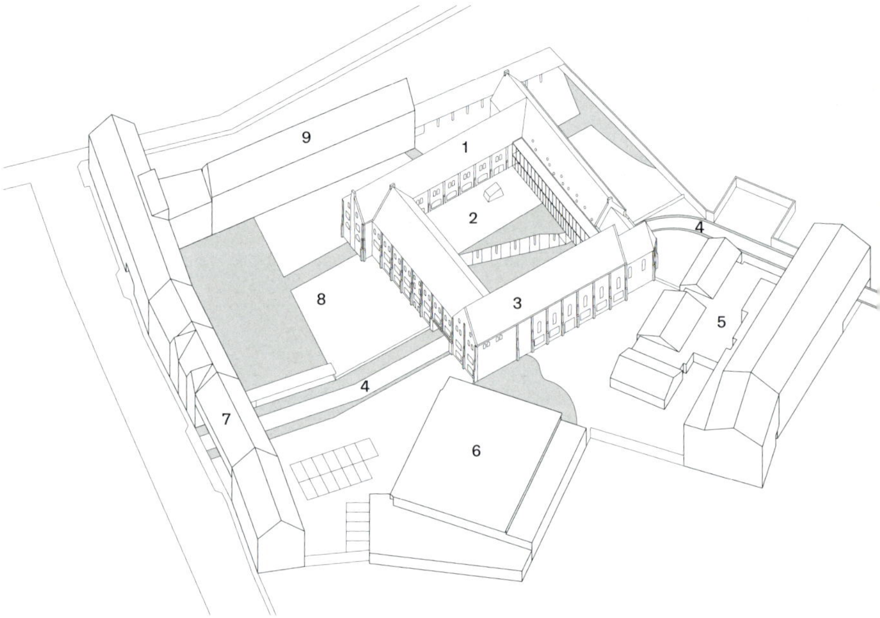

Axonometrie Schulensemble

1 Sonderschule (ehemaliges Kloster)
2 Aula (ehemalige Mensa)
3 Turnhalle (ehemalige Kapelle)
4 Zentraler Erschließungsweg (Umbau)
5 Orthopädisch-therapeutisches Zentrum (Bestand)
6 Sportzentrum (Bestand)
7 Ambulantes Rehabilitationszentrum (Bestand)
8 Spielplatz (Umbau)
9 Tagesstätte (Bestand)

Axonometric drawings of the school complex

1 Special Needs School (former convent)
2 Auditorium (former canteen)
3 Sports hall (former chapel)
4 Central access route (conversion)
5 Orthopaedic-therapeutic centre (existing)
6 Sports centre (existing)
7 Outpatient rehabilitation centre (existing)
8 Playground (conversion)
9 Daycare centre (existing)

Ort / Location: Gent, Sint-Lievenspoortstraat 129 Bauherr / Client: DBFM Schools of Tomorrow, Vzw Sint-Lievenspoort
Tragwerksplanung / Structural engineering: Studieburo Mouton Fertigstellung / Completion: 2016 sintlievenspoort.be

## Weltlicher Unterricht in sakralen Räumen

Das ehemalige Nonnenkloster in Gent verwandelten Evr Architecten in eine lichtdurchflutete Schule für Kinder mit Hör- und Sprachproblemen. Durch zahlreiche Umnutzungen hatte der 1873 errichtete neugotische Gebäudekomplex stark gelitten. Er wurde daher umfassend restauriert und energetisch saniert. Vor allem aber entschied das Architektenteam, die historische Bausubstanz großzügig zu öffnen, um die Kommunikation zu fördern und Lernbarrieren zu überwinden. So ist der seit den 1970er-Jahren überbaute Innenhof nun wieder freigelegt. Darin befindet sich auf der einen Seite das neue Herzstück der Schule: ein multifunktionaler Saal für Austausch, Sport und Spiel. Die freibleibende Fläche dient wie ursprünglich als Garten und bringt Tageslicht in die Räume des Erdgeschosses. Eine Außentreppe führt auf das Dach, das nun ein geschützter Spielplatz ist. Ein neuer Durchbruch im Westflügel ermöglicht einen zentralen Erschließungsweg durch die Gesamtanlage, der für gute Orientierung sorgt. Auf der gegenüberliegenden Seite erweitert ein vorgelagerter Laubengang die historischen Flure. Dadurch erhalten die Klassenzimmer mehr Platz und Licht, außerdem entsteht eine direkte visuelle Verbindung zwischen Kreuzgangflügel und Innenhof. Eine mutige Neuinterpretation ganz im Sinne der Kinder bedeutet die Umwandlung der ehemaligen Klosterkapelle in eine Turnhalle: Unter dem renovierten Holzgewölbe kontrastiert ein leuchtend blauer Sportbelag die sakrale Atmosphäre und feiert das irdische Leben. pp

## Secular Lessons in Sacred Spaces

evr-architecten revitalized a historic neo-Gothic convent in Ghent, transforming it into a bright school for children with hearing and speech difficulties. Built in 1873, the complex had undergone various modifications over the years, leading to significant deterioration. To address this, the architects undertook extensive restoration and renovation work, enhancing energy efficiency. One key decision was to open up the historic building's structure, so as to foster communication and elimine learning barriers. The team uncovered the inner courtyard, previously built over in the 1970s. On one side of the courtyard, a multifunctional hall functions as the new heart of the school, hosting assemblies and recreational activities. The remaining space was restored to its original purpose as a garden, allowing daylight to penetrate the ground floor rooms. Additionally, a sheltered playground was established on the roof, accessible along an external staircase. A new opening in the west wing creates a central route through the complex, for better orientation. On the opposite side, an arcade extends historic corridors, providing more space and light for the classrooms. This design element establishes a direct visual connection between the old cloister wing and the inner courtyard. The conversion of the former chapel into a sports hall is a bold reinterpretation that captures the spirit of youth. Beneath the renovated wooden vault, a bright blue sports court contrasts with the sacred atmosphere, celebrating the vibrancy of earthly life. pp

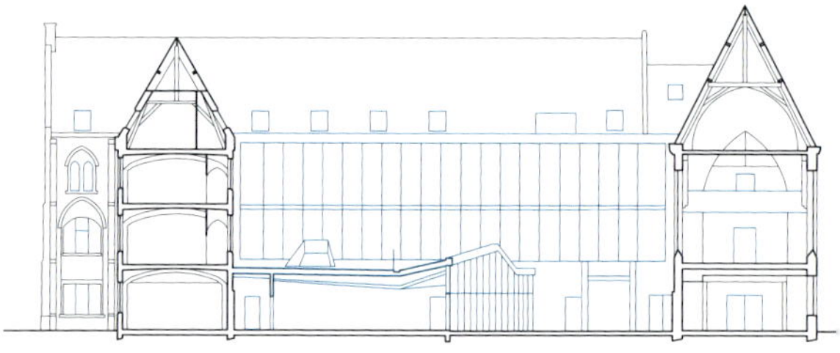

Erdgeschoss Ground floor

chnitt/Grundrisse
laßstab 1:500
nit Farbcodierung
Erschließungsflure
ınd Turnhallen-
ooden)

Kindergarten
2 Lager/Bad
3 Durchgang (Bestand)
4 Küche (extern)
5 Hort
6 Erste Hilfe
7 Verwaltung
8 Durchgang (neu)
9 Time-Out-Raum
10 Lehrerzimmer
11 Technik
12 Aula/Gymnastik
13 Hof
14 Grundschulklasse
15 Orthopädie
16 Umkleide
17 Turnhalle (ehemalige Kapelle)
18 Kochklasse
19 Therapie
20 Terrasse
21 Laubengang
22 Meditation
23 Luftraum
24 Archiv
25 Elternzimmer

Section/Floor plans
Scale 1:500
with colour coding
(Access corridors and gym hall floor)

1 Kindergarten
2 Storage room/Washroom
3 Passageway (existing)
4 Kitchen (external)
5 After-school care centre
6 First aid
7 Administration
8 Passageway (new)
9 Time-out room
10 Staff room
11 Building services
12 Auditorium/Exercise
13 Courtyard
14 Primary school classes
15 Orthopaedics
16 Changing rooms
17 Sports hall (former chapel)
18 Cooking class
19 Therapy room
20 Terrace
21 Gallery
22 Meditation room
23 Void
24 Archive
25 Parent's meeting room

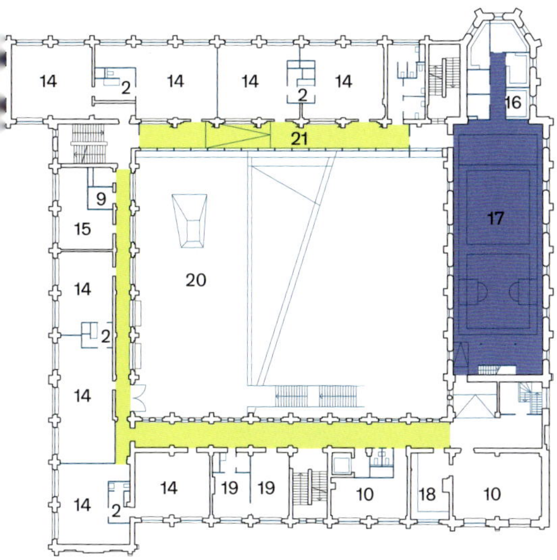


. Obergeschoss First floor

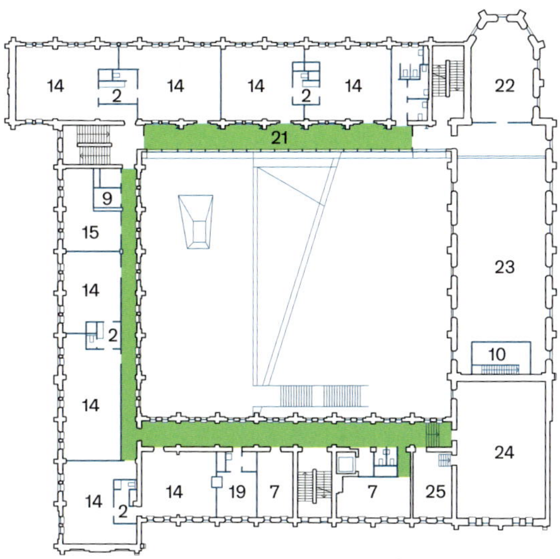


2. Obergeschoss Second floor

## 9 GAFPA Kapel van Onze-Lieve-Vrouw in Ninove

Ort / Location: Ninove, Mariaweg 10 Bauherr / Client: Tom Callebaut Tragwerksplanung / Structural engineering: Matth Engineerin
Fertigstellung / Completion: 2022

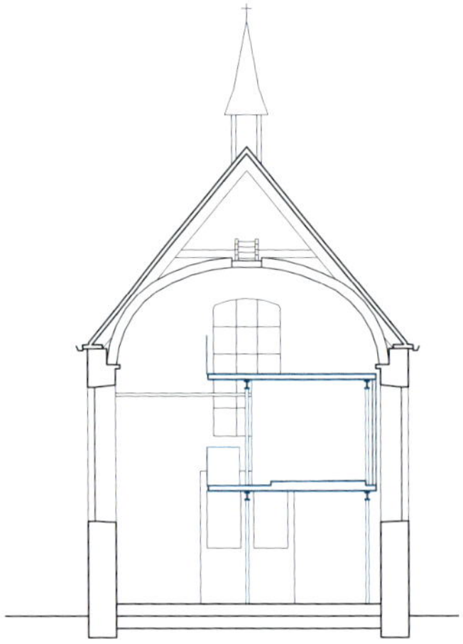

aa

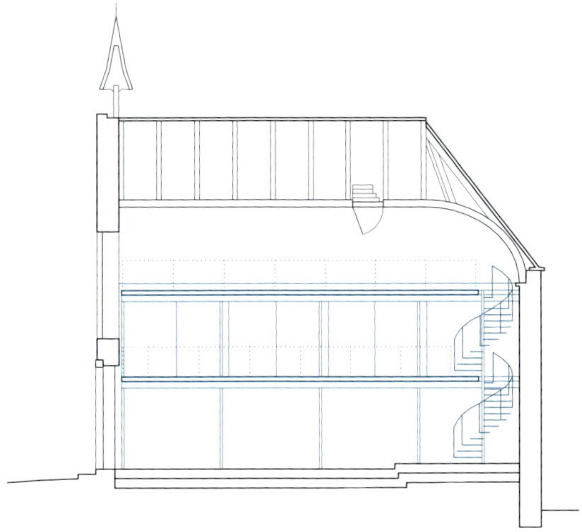

bb

| Schnitt/Grundrisse Maßstab 1:400 | | | | |
|---|---|---|---|---|
| 1 | Eingang | 4 | Bad |
| 2 | Küche | 5 | Kinderzimmer |
| 3 | Wohnbereich | | |

| Section/Floor plans Scale 1:400 | | | | |
|---|---|---|---|---|
| 1 | Entrance | 4 | Bathroom |
| 2 | Kitchen | 5 | Children's bedroom |
| 3 | Living room | | |

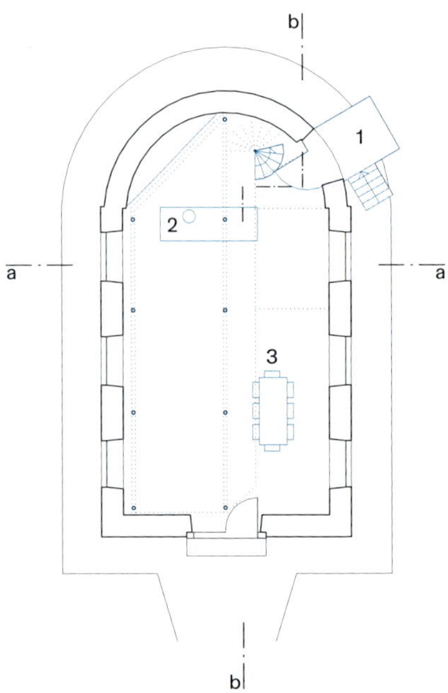


Erdgeschoss Ground floor

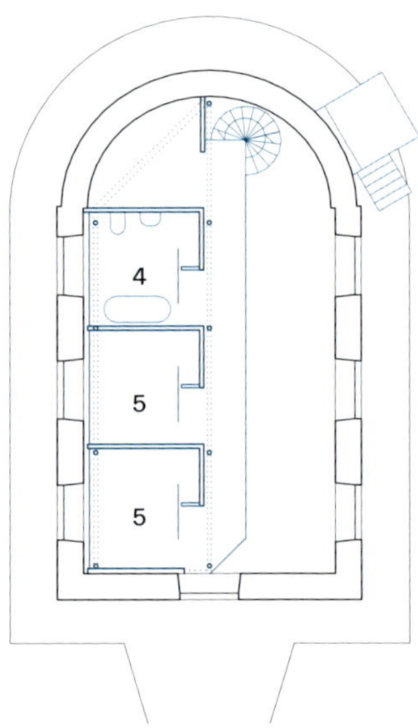


1. Obergeschoss First floor

## Wohnen in der Kirche

Wo früher der Altar stand, ist heute die Küche: Die 500 Jahre alte Kapelle Onze-Lieve-Vrouw ten Beukenoom war vor zehn Jahren noch ein Sakralraum, heute ist sie ein Wohnhaus. Von außen sieht man dem Bau inmitten der ostflämischen Wiesenlandschaft bei Ninove nicht an, dass hier eine vierköpfige Familie zu Hause ist. Gafpa sanierten die Kapelle mit Bedacht darauf, den denkmalgeschützten Bestand möglichst wenig zu verändern und trotzdem alle Wohnfunktionen unterzubringen. Mit einem Trick ist dies auch gelungen: In den hohen Kirchenraum ist eine leichte, frei stehende Stahlstruktur eingestellt, auf deren beiden oberen Ebenen sich die Schlafzimmer sowie das Bad befinden. Im Osten lehnt sich die Struktur an die Kirchenmauer an, im Westen lässt sie genügend Platz für einen großzügigen Luftraum, der sich bis unter das Dachgewölbe erstreckt. Eine schlanke Wendeltreppe verbindet die Ebenen, die sich galerieartig öffnen. Während die Kinderzimmer im ersten Stock zwei eigene Räume mit Wänden sind, bleibt das Elternschlafzimmer ganz oben offen. Das Erdgeschoss ist auf der gesamten Fläche als durchgängiger, fließender Wohnraum konzipiert. Die offene Küche findet in der früheren Apsis Platz – eine neue, bodentiefe Glastür streut Licht in diesen Bereich und gibt den Blick nach draußen frei. Ansonsten fällt das Tageslicht durch die großen historischen Segmentbogenfenster ins Innere. sah

## Once a Chapel, Now a Family Nest

A sacred site now harbours the hearth of family life. A mere decade ago, the 500-year-old chapel, Onze-Lieve-Vrouw ten Beukenoom (Our Lady of the Beech Tree), stood as a symbol of spiritual devotion; now it has been carefully converted into a modern family home. Nestled in the tranquil East Flemish meadow landscape near Ninove, the chapel's unassuming exterior conceals its current role as a residential haven for a family of four. Seeking to preserve the integrity of the listed building, GAFPA carried out a sensitive renovation, making only the necessary modifications to convert it into a functional home. Their ingenious solution involved introducing a free-standing, lightweight steel structure within the chapel's expansive interior. This innovative addition creates spaces for the bedrooms and a bathroom across two new floors. On the eastern side, the steel structure is flush with the original church wall, while on the west, it leaves a generous airspace beneath the vaulted roof. Connecting these levels is a slender spiral staircase, with the first floor accommodating self-contained bedrooms for the children and an open parents' bedroom above. On the ground floor, the living area unfolds as a continuous space, with the former apse now serving as an open kitchen. A newly installed glass door illuminates the kitchen area and provides a connection to the outdoors. Meanwhile, the soft rays of natural light filter through the historic arched windows, permeating the interior throughout. sah

# 10 BLAF Architecten House tmSN in Sint-Niklaas

## Vielschichtige Hinterhoflandschaft

Die Mercatorstraat in Sint-Niklaas ist eine sehr typische Straße. Dicht an dicht drängen sich kleine Wohnhäuser auf schmalen, langen Parzellen. Ein solches Haus erwarb eine Familie, die hier wohnen und eine Gemeinschaftspraxis für Psychotherapie eröffnen wollte. Das L-förmige Grundstück war fast vollständig überbaut mit einem Wohnhaus an der Straße und einer Werkstatt mit verschiedenen Schuppen im hinteren Teil. Blaf Architecten drehten diese Funktionsteilung um: Die Praxis zog in das Haus an der Straße, die Familie in die alten Arbeitsräume. Während das ehemalige Wohnhaus fast unverändert aussieht, öffnet sich dahinter eine Hoflandschaft in radikal unfertiger Ruinenromantik. Die Architekten beschreiben ihre Strategie als „Entkernung“: Sie haben alles weniger Wertvolle oder Unnötige „weggeschnitten“, die verbleibenden Teile stabilisiert und mit minimalen Mitteln bewohnbar gemacht. Dafür wurde eine neue Holzständerkonstruktion eingefügt, die in den Knick des L-förmigen Grundstücks eine Schneckenform einzeichnet. Die Räume, die sich zwischen der neuen Konstruktion und den Überresten der alten Strukturen ergeben, sorgen für eine Vielzahl an Übergängen zwischen innen und außen – auch ein alternativer Weg am Wohnhaus entlang ist so entstanden, der das schmale Grundstück deutlich großzügiger wirken lässt. Die alte Stahlstruktur im Garten kann nun als Rankgerüst, für Sonnensegel oder für eine Schaukel genutzt werden. Der Entwurf ist so nicht nur wirtschaftlich und nachhaltig, sondern kann auch noch Spaß machen. fh

## Layered Backyard Landscape

Mercatorstraat in Sint-Niklaas is a typical street characterized by small, closely packed houses on long, narrow plots. A family acquired one of the plots, intending to live there and to establish a group practice for psychotherapy. The L-shaped property was occupied mainly by a residential building facing the street and an industrial workshop with various sheds at the rear. BLAF Architecten reversed their functions: the practice now occupies the street-facing house, and the family resides in the former workrooms. While the original residential building appears nearly unchanged, a courtyard landscape unfolds behind it, embracing a uniquely unfinished and romantically inspired charm of decay. The architects describe their approach as “pitting” – they cut away everything unnecessary, stabilized the remaining parts, and made them habitable using minimal resources. This involved the insertion of a new timber post and beam construction, which traces the curvature of the plot. Working with the principle of a shell within a shell, the spaces between the new building and the remnants of the old structures establish new relationships between interior and exterior. This approach has also opened up a transitional zone between the front and back buildings, endowing the narrow plot with a new sense of depth and dimension. The old steel framework that remains in the garden can now serve as a trellis and support for sunshade sails or a swing. Not only is the design cost-effective and sustainable, but it also makes the space more enjoyable. fh

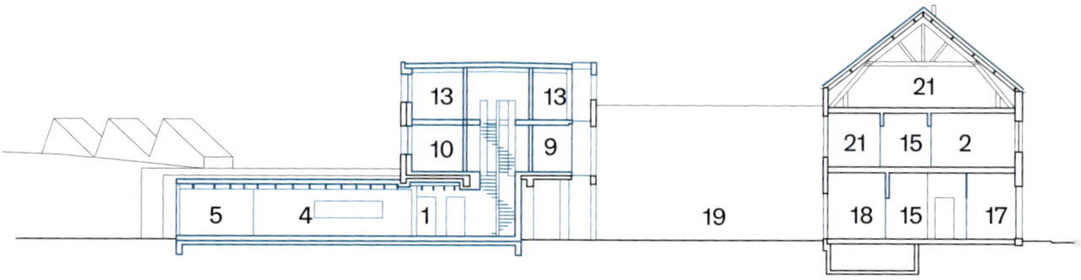


aa

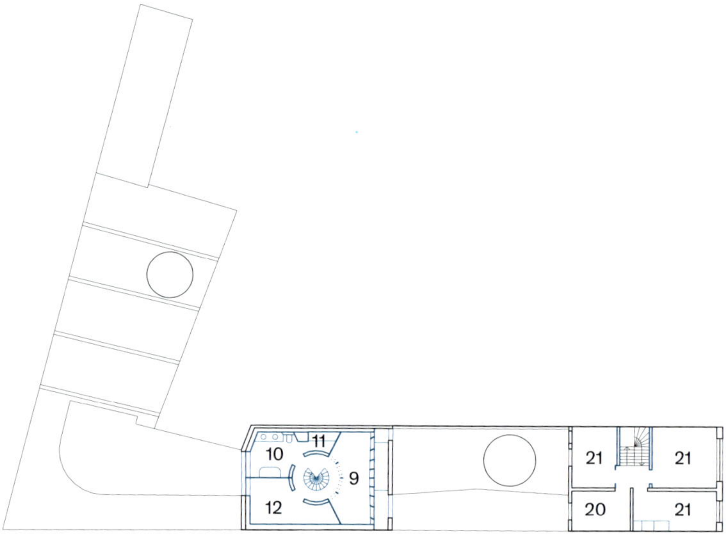


1. Obergeschoss First floor

Erdgeschoss Ground floor

Schnitt/Grundrisse
Maßstab 1:500

1 Eingang Wohnhaus
2 Garderobe/Stauraum
3 Toilette
4 Küche
5 Wohnzimmer
6 Garten
7 Terrasse
8 Gartenhaus
9 Galerie
10 Bad
11 Wäschezimmer
12 Elternschlafzimmer
13 Kinderzimmer
14 Durchgang
15 Eingang Praxis
16 Toilette
17 Wartezimmer
18 Praxis
19 Hof/Parken
20 Küche
21 Behandlungszimmer

Section/Floor plans
Scale 1:500

1 Home entrance
2 Closet and storage
3 WC
4 Kitchen
5 Living room
6 Garden
7 Terrace
8 Garden house
9 Gallery
10 Bathroom
11 Laundry room
12 Main bedroom
13 Children's bedroom
14 Passage
15 Practice entrance
16 WC
17 Waiting room
18 Practice
19 Courtyard and parking
20 Kitchen
21 Treatment rooms

Lageplan
Maßstab 1:2000

Site plan
Scale 1:2000

Ort / Location: Sint-Niklaas, Mercatorstraat   Bauherr / Client: privat / private
Tragwerksplanung / Structural engineering: Tecclem   Fertigstellung / Completion: 2016

# 11 Korteknie Stuhlmacher Architecten
## Cadix-Campus in Antwerpen / Antwerp

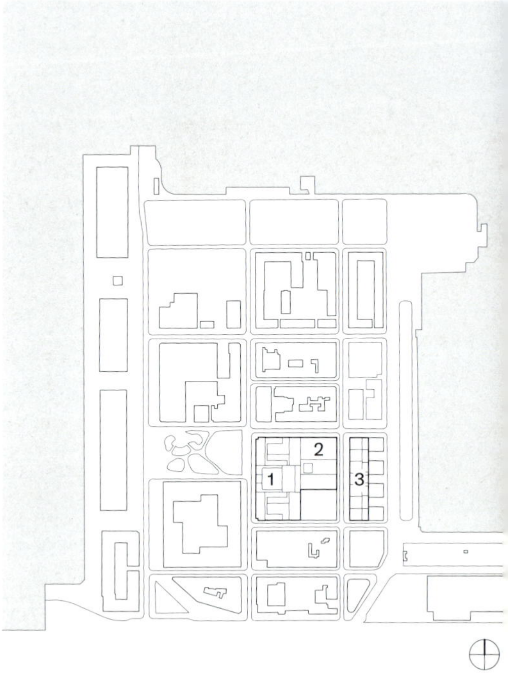


Lageplan
Maßstab 1:10 000
Site plan
Scale 1:10 000

1 Schulgebäude (1927)
2 Hafenhallen (1938)
3 Neubau (2020)

1 School building, 1927
2 Harbour halls, 1938
3 New building, 2020

)er neue Hof des historischen Schul-
ɟebäudes von 1927 ist heute ein zentraler
\ufenthaltsort im Freien. Die angren-
:enden Hafenhallen wurden saniert und
n den Campus integriert (linke Seite).

The new courtyard of the historic school building from 1927 serves as a central outdoor recreation area. The adjacent harbor halls were renovated and integrated into the campus (left page).

## Schulalltag in Eilandje

Der Campus in Cadix bündelt das Raumprogramm von zwei Sekundarschulen mit den Fachausrichtungen Kunst und Technik unter dem Namen Kunstkaai. Dafür wurden die Flächen eines Schulgebäudes aus den 1920er-Jahren durch drei benachbarte Hafenhallen erweitert. Zusätzlich stellt ein großer Neubau weitere Ateliers, Klassenräume und Gemeinschaftszonen zur Verfügung. Das Viertel ist nach der spanischen Stadt Cádiz benannt – früher eine wichtige Destination für die Schiffe aus dem historischen Hafenviertel Eilandje, dessen Eigenname „Inselchen“ bedeutet. Heute entstehen an den ehemaligen Kais Wohnungen, Restaurants und Bildungseinrichtungen. Im Zuge dieser Revitalisierung haben Korteknie Stuhlmacher die denkmalgeschützte Backsteinschule sorgfältig saniert und wo nötig mit leichten Holzkonstruktionen ergänzt. Ein neuer Baukörper im nördlichen Hof nimmt den Eingangsbereich auf. Unter den großen Satteldächern der drei Hafenhallen, die auf schlanken Stahlträgern aus den 1930er-Jahren ruhen, breiten sich offene Flächen für die Druckereiwerkstatt, die Sporthalle und die Mensa aus, samt einem Pausenhof im Freien. Flügeltüren öffnen die Räume nach Osten. Dort greift der sechsgeschossige Schulneubau das Giebelmotiv der historischen Hafenbebauung erneut auf. Teilweise glasierte Ziegel in hellen Ocker- und Grautönen strukturieren seine Fassade – eine weitere Referenz an die lokale Bautradition. Die Räume des Neubaus sind als vielschichtige Lernlandschaft konzipiert, die sich an die Bedürfnisse ihrer Nutzer anpassen kann. sah

## Innovative Learning at a Historic Port

The Campus Cadix in Antwerp’s Eilandje district consolidates the facilities of two specialized secondary schools focusing on art and technology within the historic harbour infrastructure. The expansion of the listed 1920s school building involved incorporating three adjacent harbour halls built in the 1930s, complemented by a large new structure for additional studios, classrooms, and communal spaces. Kunstkaai is located in Cadix, a burgeoning neighbourhood named after the Spanish port city Cádiz, which shares historical shipping ties with Antwerp’s harbour district Eilandje (meaning “little island”). Today, apartments, restaurants, and educational facilities are being erected on the old quays. As part of this urban revitalization, Korteknie Stuhlmacher meticulously renovated Kunstkaai’s listed brick school building, incorporating timber elements where needed. In the northern courtyard, a new structure now serves as the entrance area. Beneath the expansive gabled roofs of the three harbour halls, supported by slender steel beams, open spaces accommodate a printing workshop, sports hall, and cafeteria, accompanied by an outdoor playground. Double doors open these spaces eastward, where the new six-storey school building echoes the gable motif of the historic harbour structures. Partially glazed bricks in light ochre and grey tones structure the facade, paying homage to the local building tradition. Internally, the new building functions as a flexible, multilayered learning landscape, adaptable to the diverse needs of its users. sah

Schnitt/Grundriss
Maßstab 1:1000

1 Eingangsbereich
2 Empfang/Verwaltung
3 Werkstatt Technik
4 Werkstatt Holzbearbeitung
5 Umkleiden
6 Ausstellung
7 Lager
8 Haustechnik
9 Sporthalle
10 Speisesaal
11 Druckerei der Schule
12 Klassenzimmer
13 Überdachter Außenbereich
14 Fitnessraum
15 Lehrerzimmer
16 Direktorat
17 Friseursalon
18 Kosmetikstudio
19 Multifunktionshalle
20 Auditorium
21 Tanzstudio
22 Arbeitsräume Personal
23 Musikzimmer
24 Theaterraum

Floor plans
Scale 1:1000

1 Entrance area
2 Reception and administration
3 Engineering workshop
4 Wood workshop
5 Locker room
6 Exhibition
7 Storage
8 Building services
9 Sports hall
10 Cafeteria
11 School printing facility
12 Classroom
13 Covered outdoor area
14 Fitness room
15 Teachers' lounge
16 Director's office
17 Hair salon
18 Makeup studio
19 Multipurpose hall
20 Auditorium
21 Dance studio
22 Staff workspaces
23 Music studio
24 Theatre space

aa

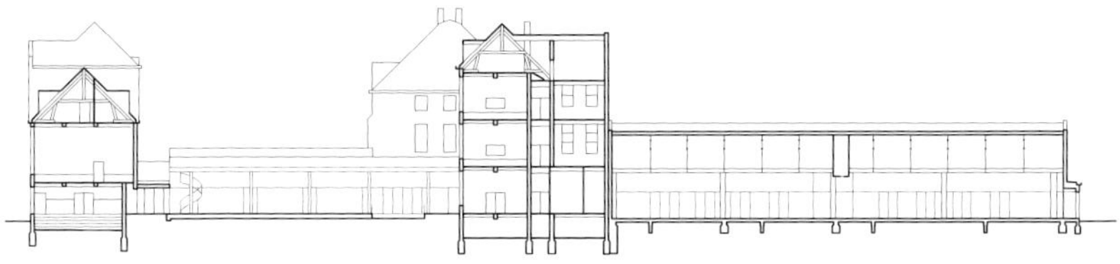

a

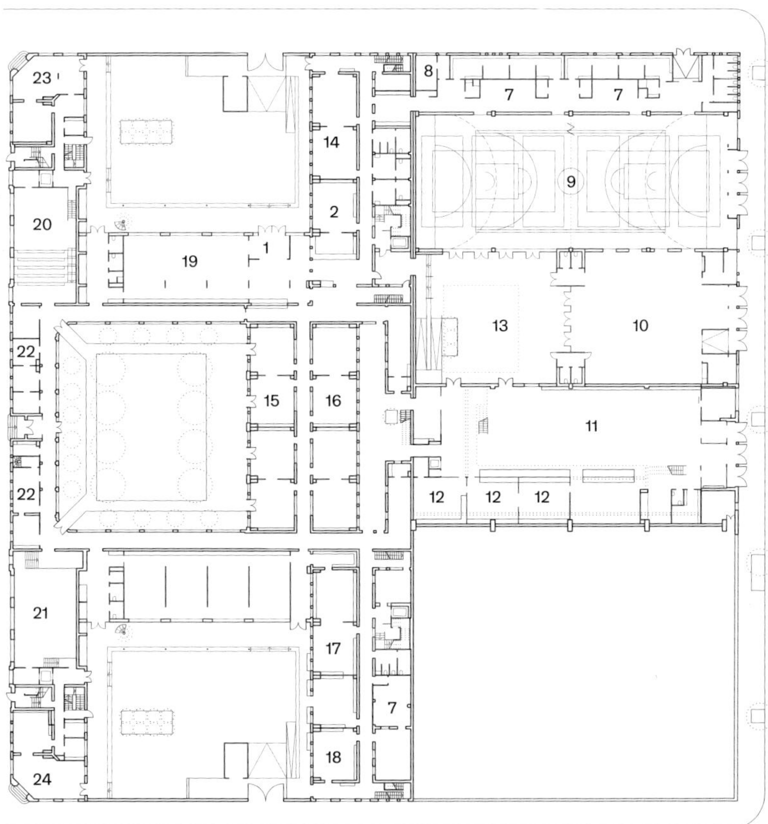


Erdgeschoss

Ground floor

Ort / Location: Antwerpen / Antwerp, Cadixstraat 2 Bauherr / Client: AG Real Estate, Scholen van Morgen, AGSO Antwerpen
Tragwerksplanung / Structural engineering: Bureau Bouwtechniek Fertigstellung / Completion: 2021
stedelijkonderwijs.be/kunstkaai

Die Räume des Bestands wurden denkmalgerecht saniert und der alte Dachstuhl wo nötig ersetzt.

Existing rooms were renovated per preservation regulations. The old roof truss was replaced where needed.

# ⑫ Zaha Hadid Architects
## Port House in Antwerpen / Antwerp

Lageplan
Maßstab 1:10 000

Site plan
Scale 1:10 000

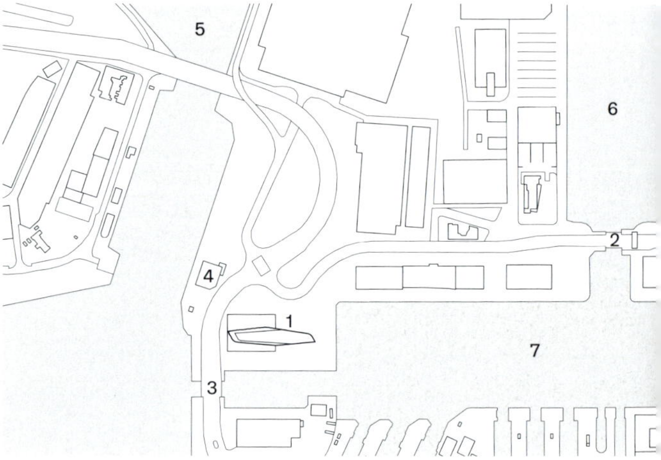


1 Port House
2 Mexiko-Brücke
3 Sibirien-Brücke
4 Ehemalige Pumpstation
5 Straatsburg-Dock
6 Holzhafen
7 Kattendijk-Doc

1 Port House
2 Mexico Bridge
3 Siberia Bridge
4 Former pumping station
5 Strasbourg Dock
6 Wood Harbour
7 Kattendijk Dock

Schnitt/Grundriss
Maßstab 1:1000

1 Innenhof
2 Haupteingangshalle
3 Treppe
4 Parkplatz
5 Büros/ Besprechungsräume
6 Technikbereich
7 Aussichtsplattform
8 Restaurant
9 Auditorium
10 Foyer
11 Vorstandszimmer

Section/Floor plans
Scale 1:1000

1 Courtyard
2 Main entrance Hall
3 Stairs
4 Parking
5 Offices/ Meeting rooms
6 Technical area
7 Viewing deck
8 Restaurant
9 Auditorium
10 Foyer
11 Boardroom

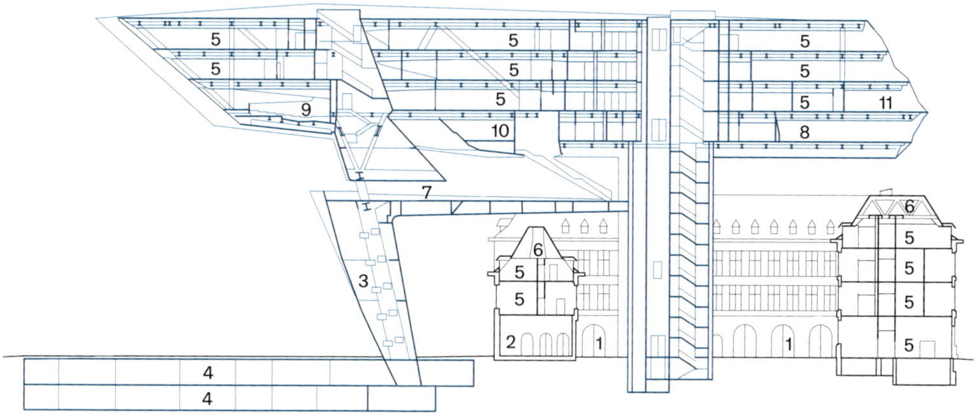

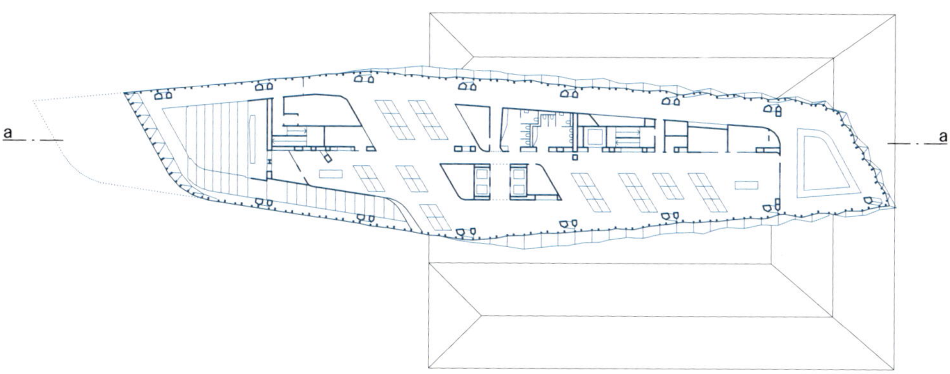

## Der größte Diamant Antwerpens

Gleich nach Rotterdam ist Antwerpen Europas zweitgrößter Hafen. Seit 2016 sitzt die Hafenverwaltung mit 500 Mitarbeitenden im neuen Port House, einer durch Zaha Hadid Architects umgebauten und erweiterten Feuerwache. Für die neue Funktion als Verwaltungsbau musste das denkmalgeschützte Gebäude aus dem Jahr 1922 drastisch erweitert werden. Im Architekturwettbewerb 2008 wählten alle fünf eingeladenen Büros die gleiche Lösung: Sie bauten im Innenhof in die Höhe. Allerdings wählte niemand eine so radikale Formensprache wie Zaha Hadid, deren Erweiterungsbau auf maximalen Kontrast setzt. Er ist ein glänzender, polygonaler Körper aus Glas und Metall, der auf einem kräftigen Gerüst aus Beton und Stahl über dem Bestandsbau zu schweben scheint. Der alte Innenhof erhielt ein Glasdach, darüber ist der viergeschossige Erweiterungsbau gut sichtbar. Ein Aufzugsschacht aus Sichtbeton – inklusive Fluchttreppe – führt zu ihm hinauf. Der Neubau, der neben Büros auch ein Café und ein großes Auditorium enthält, sitzt bewusst neben den historischen Achsen: So lässt er mehr Tageslicht in den Innenhof fallen und lehnt sich leicht nach Süden, als wolle er zum Stadtzentrum zeigen. Mit einem kräftigen Bein aus Beton steht der Bau über dem Haupteingang. Dass er in seinem glatten Glitzern an einen Diamanten erinnert, ist im Hafen der Diamantenstadt Antwerpen sicher kein Zufall. fh

## Biggest Gem in the Diamond City

Antwerp is Europe's second largest port, following Rotterdam. Since 2016, the port administration, comprising 500 employees, has found its home in the innovative Port House, a former fire station converted and extended by Zaha Hadid Architects. The listed building, dating from 1922, had to undergo a significant expansion to accommodate its new role as an administrative building. For the 2008 architectural competition, all five invited practices opted for a similar solution, expanding vertically within the inner courtyard. However, none embraced as radical a design language as Zaha Hadid, whose extension focuses on maximum contrast. The gleaming, polygonal structure made from glass and metal appears to float above the original building on a sturdy concrete and steel frame. The old inner courtyard was covered with a glass roof, above which the four-storey extension is clearly visible. An exposed concrete elevator shaft and adjacent emergency staircase lead up to the structure. The new building, housing offices, a café, and a spacious auditorium, is strategically situated alongside the historical axes. This maximizes daylight in the inner courtyard and angles the structure slightly southward as if engaging with the city centre. Anchored by a robust concrete support, the extension looms above the main entrance. The deliberate resemblance of its sleek facade to a diamond is certainly no coincidence in the context of Antwerp, renowned as the city of diamonds. fh

Ort / Location: Antwerpen / Antwerp, Entrepotkaai 1  Bauherr / Client: Hafengesellschaft Antwerpen / Port of Antwerp
Ausführende Architekten und Kostenberater / Executive architects and cost consultants: Bureau Bouwtechniek
Tragwerksplanung / Structural engineering: Studieburo Mouton  Fertigstellung / Completion: 2016

Die Innenräume im Bestand der alten Feuerwache wurden großzügig geöffnet (unten). Die Räume der Dachaufstockung (oben und rechte Seite) tragen hingegen die polygonale Handschrift Zaha Hadids.

The interiors of the original fire station were generously opened up (below), while the spaces in the new extension feature Zaha Hadid's distinctive complex geometries (above and right page).

# ⓭ Atelier Kempe Thill
## De Harmonie in Antwerpen / Antwerp

Lageplan
Maßstab 1:2000

Site plan
Scale 1:2000

1 Saalbau De Harmonie
2 Harmoniepark
3 Café/Restaurant Nives
4 Bestand/Büros
5 Mozartstraat
6 Neubau
7 Eingang Mechelsesteenweg
8 Mechelsesteenweg

1 De Harmonie hall
2 Harmonie Park
3 Nives café/restaurant
4 Existing building/offices
5 Mozartstraat
6 New building
7 Entrance, Mechelsesteenweg
8 Mechelsesteenweg

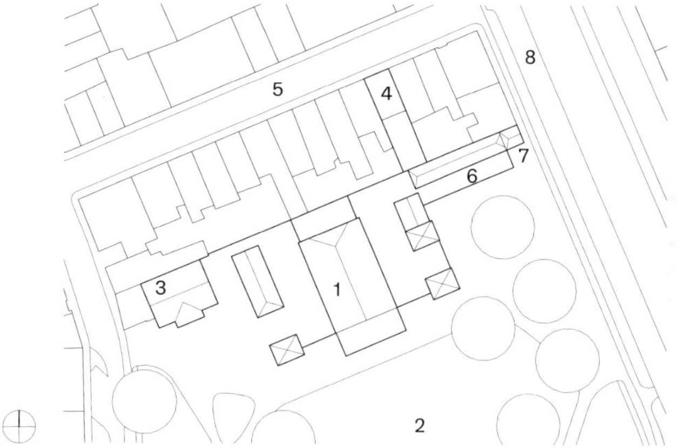

## Neue Harmonie

Konzerthaus, Ausstellungshalle, Disco: „Die Harmonie“ in der Antwerpener Südstadt hatte schon mehr als ein Leben. Erstmals eröffnete sie 1846 als Konzertgebäude mit Ausrichtung auf den davorliegenden Park. Dann folgten alle 40 Jahre Umbauten und Nutzungsänderungen, bis 1979 für eine Diskothek die Fenster verschlossen, der Stuck abgeschlagen und das hohe Deckengewölbe hinter einer Akustikdecke versteckt wurde. Nun also wieder ein neues Konzept, dieses Mal eine Kombination aus Bürgerservicezentrum, Café und Veranstaltungsraum. Die Entwürfe von Atelier Kempe Thill zielten darauf ab, alle störenden Ein- und Anbauten zu entfernen, um die ursprünglichen Qualitäten des Hauses wiederzugewinnen. Die ruhige Palette an Grautönen innen wie außen unterstützt diesen unaufgeregten, zurückhaltenden Umgang mit der Gebäudesanierung. Ein zentraler Aspekt war die Wiederherstellung der Beziehung zwischen Architektur und Park. Dies gilt insbesondere für den Hauptraum, dessen Tonnengewölbe wieder freigelegt ist. Um diese Halle von Einbauten freizuhalten, wurden alle Verwaltungs- und Nebenräume sowie das kleine Restaurant in benachbarten Gebäuden untergebracht. Als Verbindung dient ein neu eingefügter, weitgehend verglaster Korridor, der die Gebäude als neues Rückgrat miteinander verbindet. In der Halle stehen eigens entworfene Tresen und Gesprächskabinen als Einbaumöbel aus Eiche, die sich verschließen und wegrollen lassen. Ohne sie ist der Saal für Veranstaltungen nutzbar. fh

## From Concert Hall to Civic Centre

Concert hall, exhibition space, disco – De Harmonie, located in the south of Antwerp boasts a rich history that unfolds through multiple metamorphoses. Since first opening in 1846 as a grand concert hall overlooking the park, De Harmonie underwent periodic alterations and adaptations every four decades until 1979, when it was significantly changed to house a discotheque. This transformation involved sealing windows, removing stucco, and concealing its lofty vaulted ceiling behind an acoustic ceiling. In its current manifestation, De Harmonie has evolved into a multifunctional space combining a citizen service centre, café, and event venue. Atelier Kempe Thill focused on restoring the building's original qualities by removing disruptive additions. The calm grey palette, both internally and externally, aligns with the architects' restrained approach to the renovation. One significant facet of the redesign centred on reinstating the harmonious relationship between the architecture and the park, particularly in the main room where the barrel vault ceiling has been restored. To preserve the hall's uncluttered ambience, all administrative and ancillary spaces, along with the small restaurant, found accommodation in adjacent structures. The introduction of a new, mainly glass corridor serves to connect the various buildings like a spine. Custom-designed oak counters and conversation booths, with the flexibility to be securely locked in place or rolled away, contribute to the hall's versatility, making it easily adaptable into a spacious event venue. fh

chnitt/Grundriss
laßstab 1:750

1 Tickethalle
2 Speisesaal
3 Büro
4 Konferenzraum
5 Restaurant/Café

Section/Floor plan
Scale 1:750

1 Counter hall
2 Cafeteria
3 Office
4 Conference room
5 Restaurant/café

aa

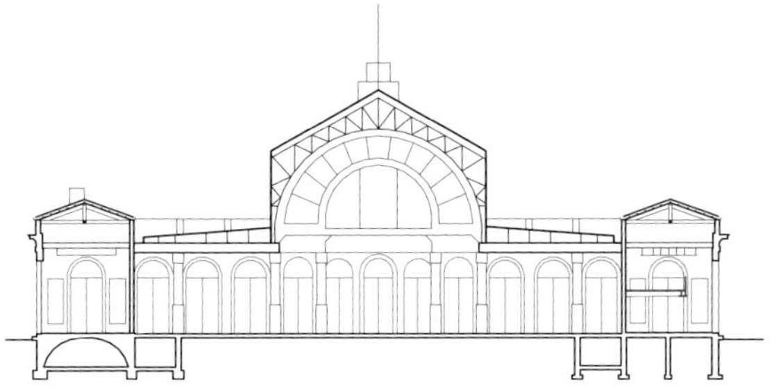

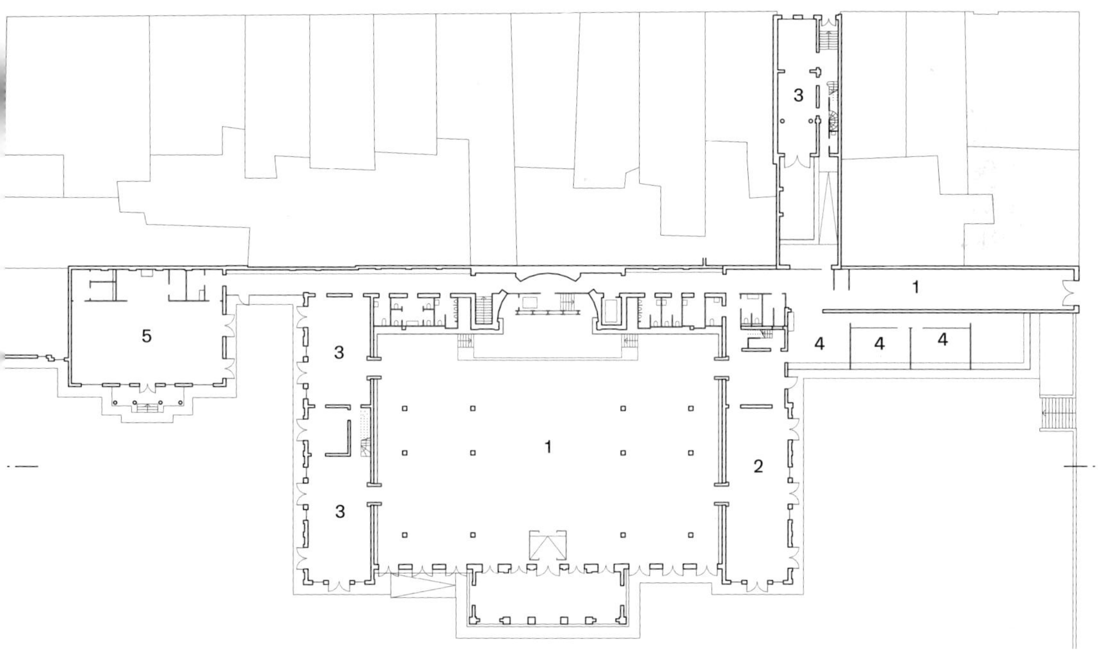


rdgeschoss

Ground floor

Ort / Location: Antwerpen / Antwerp, Harmoniepark 1 Bauherr / Client: Stadt Antwerpen, Stadtentwicklungsagentur AG Vespa City of Antwerp, city development agency AG Vespa Kontaktarchitekten / Supporting architects: RE-ST architecten Tragwerksplanung / Structural engineering: BAS BVBA Landschaftsarchitektur / Landscape architects: LAND landschapsarchitecten & ARA Fertigstellung / Completion: 2021

Ansicht vom Harmonie-Park (rechte Seite oben). Die neuen Büroräume (oben und rechte Seite unten) wurden mit Panoramablick zum Park an den Bestand angefügt.

View from Harmonie Park (top right page). The new office spaces (above and bottom right page) were added to the existing structure, offering panoramic views of the park.

i Info + Afspraak

i Info + Afspraak

## 14 **KAAN Architecten** Koninklijk Museum voor Schone Kunsten in Antwerpen / Antwerp

## White Cube in historischen Mauern

Elf Jahre lang war Belgiens prächtigster Kunsttempel, das Königliche Museum der Schönen Künste in Antwerpen, wegen komplexer Umbaumaßnahmen geschlossen. Seit September 2022 ist das neoklassizistische Gebäude wieder öffentlich zugänglich – umfassend modernisiert und intelligent erweitert. In die historischen Innenhöfe platzierte das niederländische Büro Kaan Architecten einen Neubau und konnt damit die Ausstellungsflächen um 40 Prozent vergrößern, ohne dass dies von außen sichtbar wäre. Nur die neue Dachlandschaft gibt einen dezenten Hinweis auf den Umbau im Inneren. Nach Norden ausgerichtete Dachelemente und vier große Lichtschächte lenken Tageslicht bis auf die 23 Meter tiefer liegende Eingangsebene. Den Auftakt des Museumsparcours bildet der imposante Keyser-Saal. Hier kann man zwischen zwei Wegen wählen: über beidseitige Treppenaufgänge in die sorgfältig restaurierten Ausstellungssäle des 19. Jahrhunderts oder geradeaus in die autonom organisierte Parallelwelt eines White Cube, dessen neu eingefügte Räume einen neutralen Hintergrund für die zeitgenössische Kunst schaffen. Die wichtigste Neuerung im obersten Geschoss ist eine geometrisch raffiniert gestaltete Lichtdecke mit 198 dreieckigen Glaselementen. Über trichterförmige Öffnungen fällt durch sie Tageslicht in den Ausstellungsbereich. Vorgefertigte Elemente aus glasfaserverstärktem Gips bilden eine prismatisch aufgefächerte Untersicht, die das Licht lenkt und gleichmäßig streut. pp

## White Cube within Historic Walls

Emerging from an extensive 11-year renovation, the opulent Koninklijk Museum voor Schone Kunsten (Royal Museum of Fine Arts) in Antwerp reopened its doors to the public in September 2022. This monumental undertaking of modernizing and expanding the neoclassical masterpiece was orchestrated by the Netherlands-based firm KAAN Architecten. The clever integration of a new structure within the historic inner courtyards provided the museum with an impactful 40-percent increase in exhibition space, a transformation only subtly reflected in the altered roofscape. The introduction of north-facing roof elements and the incorporation of four large light wells now channels daylight down to the entrance level situated 23 metres below. The museum journey commences in the grand Keyser Hall, where visitors are presented with two possible routes. They can ascend the flanking staircases to explore masterpieces within the meticulously restored 19th-century halls, or venture straight ahead into the new rooms of the extension. This autonomous venue provides a neutral, white-cube setting perfectly suited for the presentation of contemporary art. A crowning jewel awaits on the top floor of the extension in the form of a geometrically intricate roof crafted with 198 triangular skylights, which flood the modern halls with natural light. Inside, prefabricated glass fibre-reinforced gypsum elements form a prismatic ceiling that fans out to ensure an even distribution of light throughout the space. pp

rt / Location: Antwerpen / Antwerp, Leopold de Waelplaats 2 Bauherr / Client: Departement Cultuur, Jeugd en Media
agwerksplanung / Structural engineering: Royal Haskoning DHV Fertigstellung / Completion: 2022 kmska.be

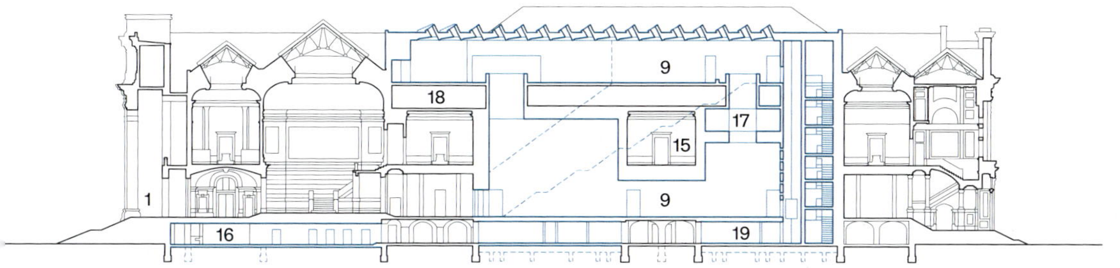


aa

Schnitt/Grundriss
Maßstab 1:1000

1 Eingang Besucher
2 Foyer
3 Museumsladen
4 Café/Restaurant
5 Keyser-Saal
6 Bibliothek
7 Auditorium
8 Historisches Museum (20. Jahrhundert)
9 Neues Museum (21. Jahrhundert)
10 Luftraum Depot
11 Nebeneingang (Anlieferung)
12 Eingang Personal
13 Besprechungsraum
14 Büro
15 Historisches Museum (19. Jahrhundert)
16 Tickets, Infopoint
17 Neues Museum (21. Jahrhundert), Blaues Kabinett
18 Technik
19 Depot

Section/Floor plan
Scale 1:1000

1 Visitor entrance
2 Entrance hall
3 Museum shop
4 Café/restaurant
5 Keyser Hall
6 Library
7 Auditorium
8 Historical museum (20th century)
9 New museum (21st century)
10 Depot airspace
11 Side entrance (delivery)
12 Staff entrance
13 Meeting room
14 Office
15 Historical museum (19th century)
16 Tickets, infopoint
17 New Museum (21st century), blue cabinet
18 Building services
19 Depot

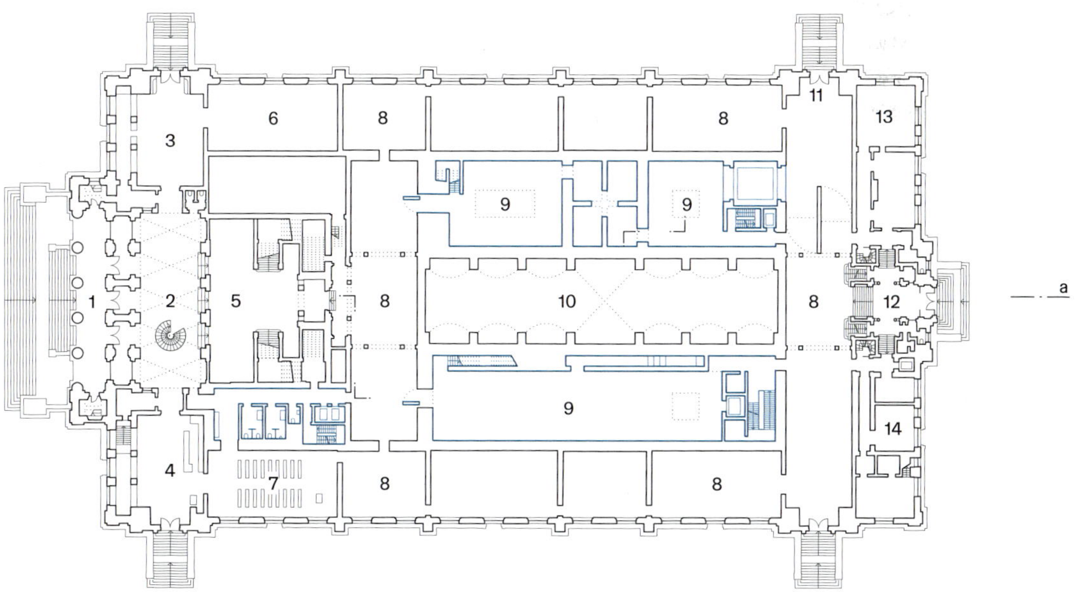


Erdgeschoss Ground floor

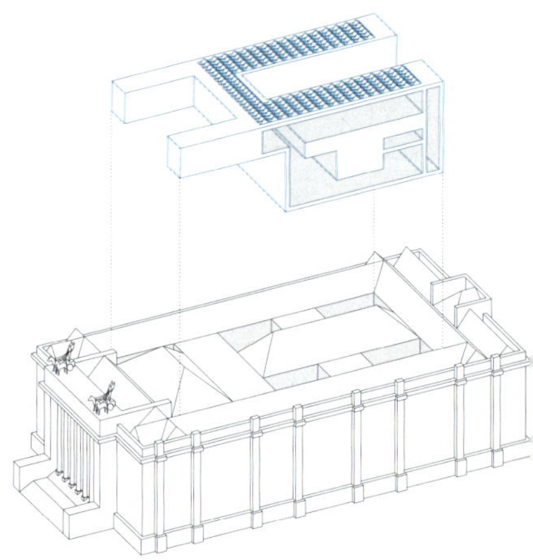

Die neuen Ausstellungsräume, die von Kaan in die zwei Innenhöfe des Museums eingefügt wurden, setzen auf einen starken Kontrast zu den repräsentativen Ausstellungssälen des Bestands.

The new exhibition spaces, which KAAN inserted into the museum's two inner courtyards, create a strong contrast to the representative exhibition halls of the existing building.

# 15 noAarchitecten
## Het Steen in Antwerpen / Antwerp

Lageplan
Maßstab 1:4000

Site plan
Scale 1:4000

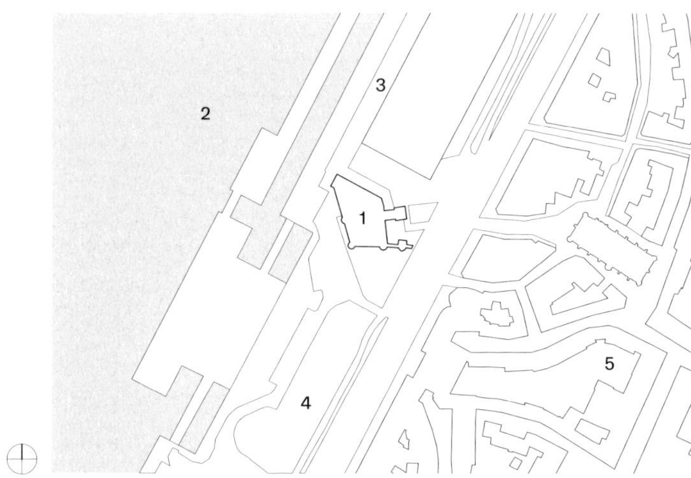


1 Het Steen
2 Schelde
3 Nordterrasse
4 Quais
5 Historisches Zentrum

1 Het Steen
2 Scheldt River
3 Northern terrace
4 Quays
5 Historical centre

Ort / Location: Antwerpen / Antwerp, Steenplein 1  Bauherr / Client: Stadt Antwerpen / City of Antwerp
Tragwerksplanung / Structural engineering: Util struktuurstudies  Fertigstellung / Completion: 2021

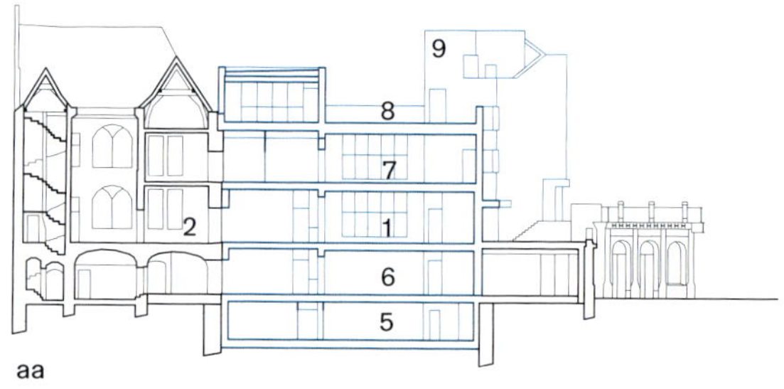

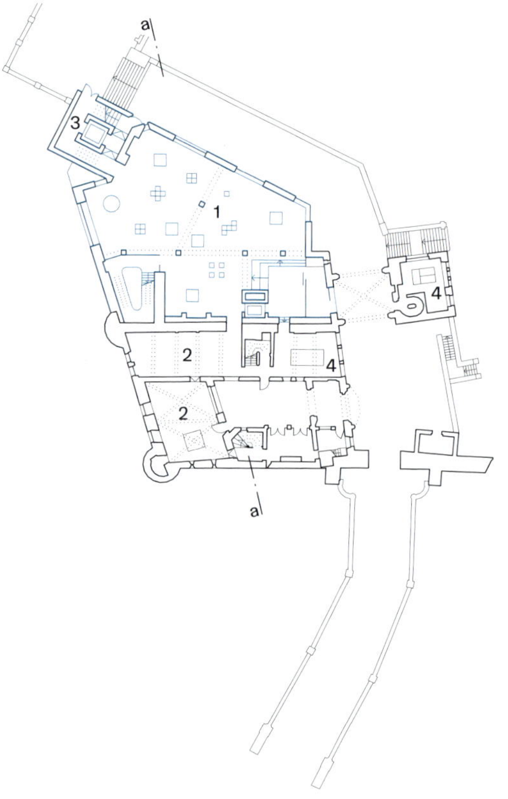


Schnitt/Grundriss
Maßstab 1:750

1 Visit Antwerp
2 Ausstellung
3 Zugang Dachterrasse
4 Büro
5 Keller
6 Kreuzfahrt-Terminal
7 Antwerp Experience
8 Öffentliche Dachterrasse
9 Öffentliches Turmdach

Section/Floor plan
Scale 1:750

1 Visit Antwerp
2 Exhibition
3 Roof terrace access
4 Office
5 Basement
6 Cruise terminal
7 Antwerp Experience
8 Public roof tower
9 Public roof terrace

## Alte und neue Burg am Ufer der Schelde

Die Burg Steen – auf Flämisch Het Steen – geht auf die Gründungsgeschichte Antwerpens im 11. Jahrhundert zurück. Der wehrhafte Solitär am Ufer der Schelde ist Ergebnis eines jahrhundertelangen Bau- und Umbauprozesses, sein heutiges Erscheinungsbild ist weitgehend durch das 19. Jahrhundert geprägt. Mit der jüngsten Intervention durch Noa Architecten erhielt das Denkmal an seiner Nordseite nun eine erneute Erweiterung. Der Anbau geht nahtlos in die historischen Mauern über und ersetzt eine Vorgängerstruktur aus den 1950er-Jahren. Statt auf Kontrast bauen die Architekten auf Kontinuität. In kleinteiligen und abstrahierten Baukörpern unterschiedlicher Höhe greifen sie die Proportionen der Erker, Türme und Giebel der historischen Burg auf. Ihr Bau verschmilzt zu einem Gesamtvolumen mit dem Bestand und erweitert die Flächen des Museums für Stadtgeschichte. Zusätzlich nimmt der Neubau das zentrale Tourismusbüro der Stadt auf. Von der öffentlichen Aussichtsterrasse des neuen Burgturms schweift der Blick über den Fluss. Die nördliche Plattform verbindet die Burg mit den Quais an der Schelde. Hier legen die Schiffe zur Flussrundfahrt ab. Die unteren Geschosse sind geschlossen, markant platzierte Fensteröffnungen rhythmisieren das Gebäude. Die Farbigkeit der neuen Ziegelfassaden ist sorgfältig abgestimmt: Unten dominieren dunklere Töne, nach oben werden die Ziegel zunehmend heller. Der Farbverlauf entstand in Zusammenarbeit mit dem Künstler Pieter Vermeersch und symbolisiert den Verlauf der Geschichte. sah

## City Fortress Fuses Old and New

Steen Castle, or Het Steen (The Stone) in Flemish, traces its origins back to the founding of Antwerp in the 11th century. This free-standing fortress, located along the Scheldt River, embodies centuries of construction and transformation, with its present appearance predominantly shaped in the 19th century. A recent intervention by noAarchitecten extended this listed building northward, seamlessly integrating it with the historic walls and replacing a 1950s structure. Instead of opting for contrast, the architects prioritized continuity. Abstract, small-scale structures of varying heights echo the proportions of the historic castle's bays, towers, and gables. The new construction merges with the historic edifice to create a unified whole, expanding the exhibition spaces dedicated to the history of Antwerp. The annexe also houses the city's main tourist office. The public viewing terrace atop the new castle tower provides panoramic views over the river. A platform on the north side connects the fortress to the quays on the Scheldt and serves as a cruise terminal for river tours. While the lower floors are windowless, striking openings higher up introduce a rhythmic element to the new building. The new brick facades have a carefully coordinated colour scheme that follows a gradient, as darker tones at the bottom gradually transition to lighter tones as the building ascends. This deliberate colour progression, developed in collaboration with the artist Pieter Vermeersch, serves as a poignant metaphor for the unfolding course of history. sah

# Alles ist Umbau

Essay von Florian Heilmeyer

# Everything is Reuse

Essay by Florian Heilmeyer

Wenn die vielbeschworene Bauwende hin zu einer wirklich nachhaltigeren Bauwirtschaft gelingen soll, ist der Umbau von bestehenden Gebäuden eines der wichtigsten Themen. Dabei hat das Umbauzeitalter in Europa längst begonnen, wie wir an der aktuellen Architektur in Flandern beobachten können.

Seit Beginn des 21. Jahrhunderts steht die Bauwirtschaft unter wachsendem Veränderungsdruck. Nach einem Bericht des Umweltprogramms der Vereinten Nationen war die Bauindustrie 2020 für 38 Prozent aller menschenverursachten $CO_2$-Emissionen verantwortlich – der höchste Stand aller Zeiten. Die Ziele des Pariser Klimaabkommens sind in weite Ferne gerückt, die Überhitzung unseres Planeten kaum noch zu verhindern. Allein 75 Milliarden Tonnen Beton werden weltweit jedes Jahr verbaut; die Herstellung des dafür notwendigen Zements verursacht drei Milliarden Tonnen $CO_2$, das ist rund dreimal so viel wie der globale Flugverkehr. Wäre Zement ein Land, es wäre nach China und den USA der drittgrößte $CO_2$-Emittent der Welt. Längst sind selbst Zuschlagstoffe wie Sand und Kies zu wertvollen, weil immer selteneren Rohstoffen geworden. Wenn die Weltbevölkerung bis 2050 im prognostizierten Ausmaß wächst, erscheint das Fernziel einer klimaneutralen Bauwirtschaft

For the construction industry to truly become more sustainable, we must focus more on adapting existing structures rather than demolishing for new builds. A culture of adaptive reuse has already taken hold in Europe, as demonstrated by contemporary architecture in Flanders.

Since the start of the 21st century, the construction industry has faced growing pressure to change its ways. According to a report by the United Nations Environment Programme, in 2020 the construction sector accounted for 38 percent of all human-made carbon emissions – the highest level ever recorded. The goals of the Paris Climate Agreement have receded into the distant future, and global warming seems nearly impossible to prevent. Annually, 75 billion metric tonnes of concrete alone are used by the construction industry worldwide, and the production of cement necessary for this generates three billion tonnes of $CO_2$ – approximately three times the amount generated by global air traffic. If cement were a country, it would be the third largest $CO_2$ emitter in the world after China and the USA. Even materials like sand and gravel now count as precious resources due to their growing

unerreichbarer denn je. Umso größer ist die Notwendigkeit, den Bau, den Betrieb und die Entsorgung von Gebäuden umfassend nachhaltiger zu machen. Dafür gehören alle Abläufe auf den Prüfstand, um sie umwelt-, energie- und ressourcenschonender zu gestalten.

## Umbaukultur

Wenn wir die Herausforderung einer grünen Bauwende hin zu einer umfassend nachhaltigeren Bauwirtschaft ernst nehmen, dann gehört der Umbau des Gebäudebestands zu unseren wichtigsten und wertvollsten Werkzeugen. Denn wer umbaut, umnutzt, ergänzt, modifiziert, weiterbaut und aktualisiert, der spart Ressourcen, vermeidet Abfall und schont die im Gebäudebestand gespeicherte graue Energie, also jene Energie, die einst für den Bau aufgebracht wurde. Es braucht eine rundum erneuerte Umbaukultur, die bestehende Gebäude als Wert und Qualität anerkennt und als Energie- und Rohstoffspeicher versteht. Als etwas Wertvolles. Dafür sind Architektinnen und Architekten notwendig mit der Expertise, das Potenzial bestehender Gebäude zu erkennen und zu nutzen. Nicht jeder sieht die im Bestand verborgenen Schätze und wie diese oft mit sehr geringen Eingriffen freigelegt werden können. Aber das lässt sich lernen, wenn auch die Universitäten sich dieses Feld zu eigen machen.

scarcity. If the world's population continues to grow at the projected rate until 2050, the long-term goal of achieving a net zero construction industry appears more elusive than ever. All this underscores the urgency of making the construction, operation, and disposal of buildings significantly more sustainable across the board. To achieve this, every step in the process must be assessed and adjusted to become more environmentally friendly, energy-efficient, and resource-saving.

## Conversion culture

If we are genuinely committed to the task of transitioning to a greener construction industry, adaptive reuse stands out as one of our most critical strategies. Those who renovate, convert, extend, modify, and retrofit not only conserve resources but also prevent waste and retain the embedded energy invested in the original construction. What we need is a revitalized culture that appreciates the value and quality of existing structures, viewing them as reservoirs of both energy and raw materials – as something valuable. This calls for architects who possess the expertise to identify and harness the potentials of these buildings. Not everyone recognizes the hidden treasures they harbour and

Es geht nicht darum, jedes Gebäude um jeden Preis zu erhalten. Auch geht es nicht darum, Bauten aus sentimentalen Gründen möglichst unverändert zu bewahren. Vielmehr geht es um eine Kultur des kontinuierlichen Gebäude-Updates, wie wir es von der Software unserer Computer kennen. Nur durch ständige Verbesserungen können die Gebäude mit den sich wandelnden Anforderungen der Gesellschaft mithalten. Jenseits der Musealisierung bestimmter Denkmäler, die aufgrund ihres einzigartigen Werts für kommende Generationen unverändert bewahrt werden, muss eine Denkweise entstehen, die die Erhaltung des alltäglichen Gebäudebestands als etwas Dynamisches begreift. Die Architekturen unseres Alltags können nur dann dauerhaft sein, wenn wir sie kontinuierlich verändern.

## Umbauzeitalter

Dieser Kulturwandel hat tatsächlich bereits begonnen, und mit ihm kommt ein neues Verständnis von Architektur auf. Wir verstehen den Umbau nicht mehr als sparsame Notlösung, weil es für einen Neubau leider gerade nicht reicht. Wir erkennen die Qualitäten im Bewahren, im Fortschreiben und in den vielschichtigen Gebäuden, die eine solche kreative Umbaukultur bedingt. Das neue Umbauzeitalter hat auch bereits seine ersten Ikonen: Mit dem Be-

how they can often be revealed with minimal intervention. But this knowledge can be cultivated if universities also champion a mindset shaping future generations committed to a culture of reuse.

It is not a matter of retaining every building at any cost, nor is it about maintaining their original state for sentimental purposes. Instead, the essence lies in nurturing a tradition of ongoing building updates, much like how we routinely update our computer software. Buildings can only keep pace with the changing demands of society through continuous improvement. Beyond the conservation of heritage structures as static museum pieces for future generations, we need an ethos that regards the care of everyday buildings as an active, dynamic process. The architecture of daily life can only endure if we consistently adapt and amend it.

## Age of adaptive reuse

This cultural shift has indeed already begun, and with it comes a new understanding of architecture. Adapting existing buildings is no longer viewed as merely a budget option when funds for a new build are lacking. We are able to recognize the merits of maintenance, reuse,

Wahrzeichen eines neuen Umbauzeitalters (I): Neues Museum in Berlin, David Chipperfield Architects mit Julian Harrap, 1993–2009

Landmark of a new age of reconstruction (I): Neues Museum in Berlin, David Chipperfield Architects with Julian Harrap, 1993–2009.

Wahrzeichen eines neuen Umbauzeitalters (II): Tate Modern in London, Herzog & de Meuron, 1994–2000

Landmark of a new age of reconstruction (II): Tate Modern in London, Herzog & de Meuron, 1994–2000.

Wahrzeichen eines neuen Umbauzeitalters (III): Palais de Tokyo in Paris, Lacaton & Vassal Architectes, 1998–2012

Landmark of a new age of reconstruction (III): Palais de Tokyo in Paris, Lacaton & Vassal Architectes, 1998–2012.

ginn des 21. Jahrhunderts eröffnete im Jahr 2000 das durch Herzog & de Meuron umgebaute Riesenkraftwerk in London als Tate Modern. Bis 2002 entstand in Paris das von Lacaton & Vassal radikal auf den Rohbau reduzierte Palais de Tokyo. Und 2009 folgte in Berlin die Eröffnung der von David Chipperfield Architects wiederaufgebauten Ruine des Neuen Museums. Natürlich wurde auch vorher schon umgebaut – nur beachtet wurden die Umbauten selten, und nie standen sie für eine Zukunft des Bauens wie diese drei nun.

Alle drei Museen sind nicht nur ausgesprochen erfolgreiche Publikumsmagneten, sie ähneln sich auch in der architektonischen Herangehensweise. Hier wird kein heiles Bild mehr angestrebt, kein Idealzustand eines nagelneu glänzenden Gebäudes. Stattdessen wurden die historischen Schichten der jahrhundertelangen Nutzung an manchen Stellen penibel bewahrt, während sie an wenigen, für die neue Nutzung oder für den Einbau aktualisierter Gebäudetechnik notwendigen Stellen radikal verändert wurden. Diese Mischung aus Pragmatismus und Romantik erzeugt Gebäude voller Widersprüche und von hoher Komplexität, aus denen sich spannende Narrative entwickeln. Architektur, die ihre Geschichte derart erzählt, wird zum Zeitzeugen unserer Kultur.

and the multifaceted structures that can emerge from a creative conversion culture. The new era of adaptive reuse has already produced its first icons of the early 21st century. A massive power station in London, transformed by Herzog & de Meuron, was unveiled in 2000 as the Tate Modern. In 2002, the Palais de Tokyo in Paris re-opened with interiors radically reduced to their raw shell by Lacaton & Vassal. And by 2009, the ruins of the Neues Museum in Berlin had been rebuilt by David Chipperfield Architects. Of course, adaptive reuse has taken place throughout the ages, but it often went unnoticed and never stood for the future of architecture like these three examples do today.

All three museums not only excel in drawing massive crowds but also share a similar architectural approach. The aim was not to erect an idealized, flawless, and polished new edifice. Instead, the meticulous preservation of historical layers from centuries of use coexists with radical transformations in other areas catering to new functions or modern building services. This fusion of pragmatism and romanticism has resulted in structures brimming with contradictions, complexity, and compelling narratives. Architecture that tells its story this way becomes a contemporary witness to our evolving culture.

## Umbaupraxis in Flandern

Es ist kein Wunder, dass das neue Umbauzeitalter in Flandern bereits ein gutes Zuhause gefunden hat. Dort trifft es nicht nur auf eine junge, höchst agile Architekturszene, die mit einer Vielzahl bemerkenswerter Büros seit der Jahrtausendwende in ganz Europa bekannt geworden ist, sondern auch auf eine Region, die aufgrund ihrer komplexen politischen, historischen und kulturellen Strukturen den Zustand des ständigen Umbauens längst gewohnt ist. Flandern ist nicht nur besonders dicht bebaut, sondern auch eine europäische Region voller Brüche, Kanten, Risse und Widersprüche – in den Städten wie auf dem Land, mit dem besonders komplexen Brüssel als passende Hauptstadt. Der Zustand des Unfertigen ist den Belgiern ebenso vertraut wie der Ziegel als Baumaterial – denn laut einem Sprichwort wird ja jeder Belgier und jede Belgierin mit einem Backstein im Bauch geboren.

So hatten Sandra Hofmeister und ich, als Herausgebende dieses Buchs, wenig Schwierigkeiten, eine große Anzahl beispielhafter Umbauten aus den letzten 15 Jahren zusammenzutragen. Daraus haben wir 24 Projekte ausgewählt, mit denen wir das gesamte Spektrum an Möglichkeiten zeigen: Umbau, Anbau, Weiterbau, Rückbau, Wiederverwendung von Elementen oder Materialien. Der Fantasie sind keine Grenzen gesetzt. Dabei zeigen auch die

## A practice of transformation in Flanders

Not surprisingly, the burgeoning era of adaptive reuse has found a welcoming home in Flanders. Since the start of the millennium, this region has seen the rise of a new, dynamic architectural scene, with numerous outstanding firms gaining recognition across Europe. That Flanders is no stranger to constant architectural transformation can also be traced back to its intricate political, historical, and cultural structures. Not only is it a particularly high-density region for Europe, but also one marked by divisions, nuances, contrasts, different languages and many contradictions. These aspects are evident in both urban areas and the countryside – with Brussels, a particularly complex city, serving as a fitting capital. The notion of incompleteness is as familiar to Belgians as bricks as a construction material – after all, there's a saying that suggests every Belgian is born with a brick in their stomach.

As the editors of this book, Sandra Hofmeister and I had no trouble finding a wealth of impressive adaptive reuse projects from the last 15 years; if anything, there were far too many. We carefully distilled the selection to 24 exemplary projects that showcase the full

Bauaufgaben ein breites Panorama architektonischer Themen, vom großen Museum, das unter Denkmalschutzbedingungen zusätzliche Flächen benötigt, über den sozialen Wohnungsbau der 1960er-Jahre, dessen Grundrisstypologien und Qualitäten mit relativ geringem Aufwand drastisch verbessert werden konnten, bis zum kleinsten Einfamilienhaus, das sich in den Resten einer Tischlerei einrichtet oder in einer kleinen ehemaligen Landkapelle. Manche Umbauten widmen sich denkmalgeschützten Monumenten, die es für kommende Generationen zu bewahren gilt, andere kümmern sich um ganz alltägliche Gebäude im Sinne des beschriebenen kontinuierlichen Gebäude-Updates. Die Sammlung an Projekten zeigt, dass Flandern in Bezug auf die neue Umbauarchitektur eine der momentan aufregendsten Regionen in Europa ist.

spectrum of possibilities, including repurposing, retrofitting, extensions, disassembly, and reusing components and materials. There is also a diverse array of architectural tasks, ranging from the expansion of a large museum without compromising its protected monument status, to upgrading 1960s social housing by optimizing floor plans and quality through relatively minor modifications, to crafting cosy single-family homes within the remains of a carpenter's workshop or an old countryside chapel. While some projects focus on preserving historic gems for posterity, others are dedicated to making ordinary structures relevant for contemporary needs. Overall, this compilation of projects serves as compelling evidence that Flanders stands as one of Europe's most fascinating regions for innovative adaptive reuse.

# Angepasste Weiternutzung in der Architektur in Flandern und Brüssel

Essay von Sofie De Caigny

# Adaptive Reuse: Embedded in the Architecture in Flanders and Brussels

Essay by Sofie De Caigny

Die Architektur entwickelt sich zunehmend zu einer Disziplin, die sich auf die Umgestaltung des Bestehenden konzentriert. Im Gegensatz zu der Vorstellung des 20. Jahrhunderts, dass der Architekt mit einem „weißen Blatt“ beginnt, spielen Kontext und Geschichte eine immer größere Rolle. In Flandern haben viele Architekten eine selbstverständliche Akzeptanz entwickelt, wenn es um die Arbeit mit dem Gebäudebestand geht, der immer wieder unvorhergesehene und besondere Anforderungen stellt. Es gibt unzählige überraschende Beispiele für die angepasste Weiternutzung von Rathäusern, Universitäten, Wohnbauten, Schulen und Museen. Die Kombination von sozioökonomischer und kultureller Dynamik kann eine Erklärung für die bemerkenswerte Zahl an Umnutzungsprojekten in der heutigen Architekturszene Flanderns bieten.

## Ein Land der Hausbesitzer

Flandern ist seit dem 19. Jahrhundert ein Land der Einfamilienhausbesitzer. Im Jahr 2018 waren 72 Prozent der Haushalte Eigentümer des Wohnraums, in dem sie leben – ein Prozentsatz, der seit Beginn des 21. Jahrhunderts stabil ist. Die meisten Familien der Mittelschicht streben ein eigenes Haus an, und viele kaufen ein bestehendes Haus (was im Vergleich zu den Nachbarländern immer noch recht erschwinglich ist). Das bedeutet, dass es ständig eine große Anzahl

Architecture as a discipline is increasingly about transforming existing structures. Unlike the 20th-century idea that the architectural designer should start with a blank slate, context and history now play a growing role. In Flanders, many architects have naturally embraced working with the existing in unforeseen and site-specific conditions. There are countless examples of fascinating projects involving adaptive reuse, including town halls, universities, housing, schools, and museums. The remarkable prevalence of adaptive reuse in Flanders today can be explained by a mix of socioeconomic and cultural factors.

## A country of house owners

First, Flanders has historically had a high rate of single-family home ownership since the 19th century. In 2018, 72 % of households owned the single-family dwelling they live in, a percentage that has remained stable since the early 2000s. Owning a standalone house is an aspiration for many middle-class families in Flanders and they often opt to purchase an existing home, which is relatively affordable compared to neighbouring countries. It continually provides a large base of clients seeking to remodel and adapt their residence to meet their current dwelling needs. This process occurs not only in urban areas but across the dispersed,

von Bauherren gibt, die ihre Häuser an die aktuellen Wohnbedürfnisse anpassen wollen. Dieser Prozess findet nicht nur in städtischen Gebieten statt, sondern in ganz Flandern, da die Einfamilienhäuser über das ganze Land verteilt sind und die sogenannte „nebular city“ (nebelartige Stadt) bilden.

## Kleine private Aufträge als Experimentierfeld

Bei diesen Umbauprojekten versuchen die jungen Architekten, die Wohnqualität in günstigen, aber abgenutzten Häusern zu verbessern, oft mit einem sehr geringen Budget. Aufgrund der begrenzten Mittel streben sie nicht nach Perfektion, sondern danach, großzügige, lichtdurchflutete Räume mit einer überzeugenden Erschließung und einer interessanten Beziehung zur Außenwelt zu schaffen. Oft besteht die Aufgabe darin, bestehende Strukturen in ein Zuhause zu verwandeln, ohne die Geschichte des Ortes auszulöschen. Die Bauherren scheinen an der Kombination von zeitgenössischer Technik mit der Patina älterer Bauten Gefallen zu finden. In gewisser Hinsicht kommt dies einer kontinuierlichen Weiterbildung gleich: Im kleinen Maßstab eines Privathauses lernen flämische Architekten, das Vorgefundene zu schätzen. Sie finden hier ein Testgelände für größere (oft öffentliche) Renovierungsprojekte, die im Laufe ihrer Karriere auf sie zukommen könnten.

"nebular city" geography of Flanders. A large pool of small architectural firms serves this group of clients. In a region boasting six universities conferring master's degrees in architecture, Flanders counts nearly 9000 architects registered with the Flemish Order of Architects. Considering the population of 6.6 million in Flanders, this yields an astonishingly high ratio of architects per capita. Many young architects take on freelance project work for established firms while launching their own practice on the side. Their first commission is often renovating an existing single-family house for friends or family. This type of refurbishment project, referred to as "achterkeuken" (back kitchen/room), is characteristic for emerging Flemish firms.

## Small private commissions as an experimental arena for refurbishments

In these domestic transformation projects, young architects aim to improve the quality of living in affordable but worn-out dwellings, often with a very small budget. Operating with economic pragmatism, they focus not on perfection but on creating generous, well-lit spaces with thoughtful circulation and connections to the outdoors. Often the brief consists of making a dwelling within an existing structure without

## Wertschätzung des Vorgefundenen

Es gibt aber auch eine kulturelle Dynamik, die die interessanten Positionen der flämischen Architekten gegenüber dem Bestand erklärt. In dem 2021 erschienenen Buch Composite Presence, das den flämischen Beitrag zur Architekturbiennale in Venedig als Katalog begleitete, charakterisiert Irina Davidovici die aktuelle Architekturszene in Flandern als eine Praxisgemeinschaft. Sie verweist auf das Interesse an Kunst, Kontext, Geschichte, an der Poesie des Alltäglichen und am Handwerk, das die Architekten miteinander teilen und das in der Architekturausbildung vermittelt wird. Diese Gemeinschaft entstand in den 1980er- und 1990er-Jahren und bildete die heutige Generation von Architekten aus. Sie ist nicht auf das Neue fokussiert, sondern bevorzugt Modifikation und Akkumulation und entwickelte einen sorgfältigen Blick für vorgefundene Materialien, Details und Räume.

Da es in den 1990er-Jahren mangels transparenter Ausschreibungsverfahren kaum interessante öffentliche Aufträge gab, war diese Generation gezwungen, auf dem privaten Markt zu arbeiten, und die Renovierung bestehender Einfamilienhäuser wurde zu einem eigenen Bautypus. Der Architekt und Kritiker Pieter Uyttenhove widmete ihm 1997 einen Artikel in der niederländischen Zeitschrift Archis, in dem er feststellte, dass diese „belgi-

erasing historical traces. Clients often appreciate blending contemporary techniques with the patina of older constructions. Overall, these small-scale commissions provide on-the-job training for Flemish architects, enabling them to hone their skills in enhancing as-found structures on the scale of a private house, and serve as a testing ground for bigger (often public) adaptive reuse projects ahead.

## Appreciating the as-found

However, cultural factors also explain the interesting approaches that architects in Flanders take to existing structures. In the 2021 book Composite Presence, which accompanied the Belgian contribution to the Venice Architecture Biennale as a catalogue, Irina Davidovici describes the current architecture scene in Flanders as a community of practice sharing interests in art, context, history, everyday poetics, and craft. This community, which emerged in the 1980s and 1990s, played a pivotal role in shaping the mindset of the youngest generation of architects. These architects prefer modification and accumulation over newness, with a careful eye for as-found materials, details, and spaces.

Opaque tendering processes resulted in a lack of attractive public commissions in the 1990s, which forced this generation of architects

schen Hinterzimmer“ am besten geeignet seien, die Baukultur des Landes zu verstehen.

## Beispiele aus dem Versuchsfeld

Das frühe Werk von Office Kersten Geers David Van Severen zeigt einige Beispiele für solche Bauten. Eines der ersten Projekte des Büros, das Sommerhaus in Gent (2004–2007), lässt bereits die Bravour ihrer Entwürfe ahnen. Die Architekten schaffen Räume, die aus der sehr präzisen Positionierung archetypischer architektonischer Formen entstehen. Mit dem Wochenendhaus in Merchtem (2009–2012) gibt Office dem typischen Hinterhof eines bestehenden Reihenhauses eine neue Bedeutung, indem es den lang gestreckten Raum von einem Nutzgarten in eine heimische Freizeitoase verwandelt, wie sie im 21. Jahrhundert sehr begehrt ist.

Poot Architectuur sind bekannt für ihre Art, die grundlegenden architektonischen Elemente des belgischen Reihenhauses zu lesen und in hochwertige zeitgenössische Wohnräume umzuwandeln. Indem sie Teile von Etagen herausschneiden, Außenräume ins Innere holen und umgekehrt, bestimmte Elemente verdecken und andere öffnen, stellen ihre Projekte die traditionelle Typologie des Reihenhauses infrage und zollen ihr gleichzeitig Tribut. Poot ist

to work in the private sector, and the refurbishment of existing single-family homes emerged as an archetype in itself. In 1997, architect and critic Pieter Uyttenhove dedicated an article in the Dutch magazine Archis to this phenomenon, noting that the “Belgian back room” was crucial for understanding the region’s building culture.

## Examples from the testing ground

The early work of OFFICE Kersten Geers David Van Severen offers pertinent examples of this approach. One of their first projects, the Summerhouse in Ghent (2004–7), already showcased the bravura of their designs, creating spaces through precise placement of archetypical architectural forms. In their weekend home in Merchtem (2009–12), OFFICE reimagined the traditional elongated backyard of an existing row house, transforming it from a utilitarian garden into a domestic leisure space – a highly sought-after feature in the 21st century.

Poot Architectuur has earned a solid reputation for its ability to decipher the fundamental architectural elements of the Belgian row house and skilfully translate them into modern, high-quality domestic spaces. By cutting out sections of floors, bringing outside spaces inside and vice versa, and selectively obscuring or revealing specific features,

Wochenendhaus in Merchtem, OFFICE Kersten Geers David Van Severen, 2009–2012

OFFICE Kersten Geers David Van Severen: Weekend home in Merchtem, 2009–2012.

Umbaukonzept für die Foyers aller öffentlichen Sportanlagen in Antwerpen, Poot Architectuur und Dries Otten, seit 2016

Poot Architectuur and Dries Otten: Conversion concept for the foyers of all public sports facilities in Antwerp, since 2016.

Wohnhaus Begijnhoflaan in Dendermonde, Eagles of Architecture, 2019

Eagles of Architecture: House Begijnhoflaan in Dendermonde, 2019.

nun dabei, diese Designstrategien in größeren öffentlichen Gebäuden weiterzuentwickeln. So erhielten sie beispielsweise 2016 den Auftrag, in Zusammenarbeit mit dem Innenarchitekten Dries Otten ein Konzept für die Umgestaltung der Eingangsbereiche aller Sportanlagen in Antwerpen zu entwickeln. Die Aufgabe lautete, diesen eine eigene Identität zu verleihen, aber Poot nutzte die Gelegenheit, um die Erschließung zu verbessern und die Eingänge zu angenehmen Orten zum Verweilen aufzuwerten. Die Architekten setzten das Konzept in vier Schwimmbädern überzeugend um. Das Ergebnis ist eine Reihe von nuancierten Eingriffen mit einer großen Wirkung für Tausende von Kindern, Lehrern, Eltern und Sportlern in der Stadt.

Ein drittes Beispiel ist das Büro Eagles of Architecture, das seine Erfahrungen mit dem Bestand bei der Arbeit mit Privathäusern sammelte. Inzwischen ist das Büro gewachsen, und es zeigt sich, wie diese Erfahrungen ihre Arbeit in einem größeren Maßstab direkt beeinflussen. In Dendermonde haben die Architekten 2019 eine Doppelhaushälfte eines kollektiven Wohnprojekts aus den 1950er-Jahren für ein Ehepaar umgebaut. Auf den ersten Blick scheint die Hülle des Hauses unberührt zu sein. Doch bei näherem Hinsehen erkennt man die Spuren der kompletten Umgestaltung des Innenraums. Auf einer Fläche von 100 Quadratmetern realisierten Eagles of Architecture eine Abfolge von Räu-

their projects simultaneously challenge and pay homage to this traditional typology. Poot is now evolving their design strategies to encompass larger public buildings. For instance, Poot and interior designer Dries Otten were commissioned to develop a concept to overhaul all entrance halls of Antwerp's sports facilities in 2016. The brief was to enhance their identity, but Poot seized the opportunity to optimize circulation and upgrade the halls as welcoming gathering spots. Poot implemented the concept convincingly in four swimming pools, creating nuanced yet impactful interventions that benefit thousands of children, teachers, parents, and sports enthusiasts in the city.

Another compelling illustration of this trend can be found in the work of Eagles of Architecture. They also honed their adaptive reuse techniques on private homes and have since expanded their portfolio, demonstrating how their experiences on a smaller scale have a direct impact on their larger projects. In 2019 in Dendermonde, they transformed a semi-detached house within a 1950s collective housing project for a couple. At first glance, the dwelling's exterior seems untouched. Inside, closer inspection reveals traces of a complete interior overhaul. On a 100-m$^2$ area, the architects crafted a spatial sequence circling a central column, following a consistent set of design principles. Eagles of

men, die sich, konsequenten Regeln folgend, um eine zentral positionierte Stütze anordnen. Bei der Sanierung des Rathauses in Mortsel, an der Eagles of Architecture derzeit arbeiten, wenden sie eine ähnliche Strategie für ein öffentliches Gebäude von 5000 Quadratmetern an. Das Äußere bleibt fast unangetastet, während die neuen Innenräume dem Rhythmus der Fassade folgen, sich aber gleichzeitig von ihr lösen.

Diese drei Beispiele veranschaulichen die Vielfalt der Positionen, die Architekturschaffende in Flandern und Brüssel im Hinblick auf die vorgefundene Architektur einnehmen. Die Architekten haben ihr Studium an verschiedenen Schulen in Flandern absolviert, ihre Arbeit hat vielfältige internationale Anklänge, die Größe ihrer Büros und der Projekte, an denen sie arbeiten, ist sehr unterschiedlich. Dennoch zeigt ihre Sensibilität für den Wert des Bestands überraschende Parallelen. Die Kombination aus einer großen Anzahl heruntergekommener Gebäude und Bauherren, die bei der Umgestaltung Risiken nicht scheuen, schafft in Flandern ein Experimentierfeld für die Architektur. Diese Dynamik ist Teil einer architektonischen Kultur, die den Fokus auf die Geschichte legt. Damit scheint Flandern ein Labor für die Zukunft der Architektur zu sein: eine Zukunft, die sich intensiv um die Anpassung des Gebäudebestands bemüht.

Architecture are applying a similar strategy in refurbishing the 5000-$m^2$ Mortsel City Hall. The facade of the building remains largely unaltered. Meanwhile, the new interior follows the facade's rhythm while maintaining a distinct, detached character of its own.

These three firms exemplify the range of approaches architects in Flanders and Brussels take towards as-found architecture. These architects hail from different schools within Flanders, their work enjoys diverse international resonance, and the size of their practices and projects varies immensely. However, their appreciation for the intrinsic value of the existing shows surprising parallels. The prevalence of neglected buildings, coupled with clients willing to take risks to rejuvenate their dwellings, creates a fertile testing ground for architects in this region. These dynamics contribute to an architectural culture deeply rooted in history. Flanders appears to be a laboratory for the future of architecture – a future that cares strongly about the adaptation and transformation of existing structures, where the past and future harmoniously coexist.

88
HET PREDIKHEREN
AGENDA

# 16 Korteknie Stuhlmacher Architecten
## Het Predikheren in Mechelen

Lageplan
Maßstab 1:2000

Site plan
Scale 1:2000

1 Het Predikheren (Stadtbibliothek)
2 Ehemalige Klosterkirche
3 Grünfläche Tineltuin
4 Tîle
5 Museum und Gedenkstätte Kazerne Dossin

1 Het Predikheren (city library)
2 Former monastery church
3 Tineltuin park
4 Dyle River
5 Kazerne Dossin museum and memorial site

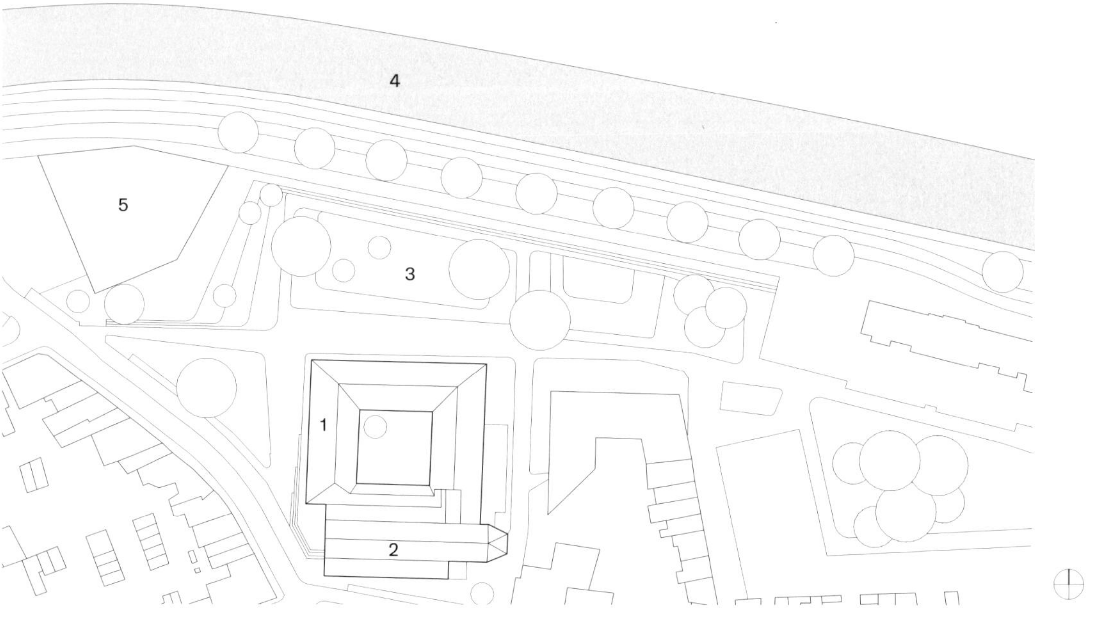

## Vielschichtiges Monument

Das mächtige Dominikanerkloster aus dem 17. Jahrhundert im Stadtzentrum von Mechelen stand schon seit Jahrzehnten leer. Die Mönche waren 1796 ausgezogen, seitdem wurden die Gebäude unter anderem als Militärhospital und Artilleriemagazin genutzt. 2010 erwarb die Stadt das Predikheren – wörtlich „Schöne Herren" – genannte Kloster. Da war es bereits mehr Ruine als Denkmal. Man entschloss sich dennoch zu einer Sanierung, um das Gebäude als Bibliothek und Kulturzentrum zum öffentlichen, lebendigen Herzen der Stadt zu machen. Heute zeigt sich Het Predikheren als beispielhaft vielschichtiges Monument, das perfekt für seine aktuelle Nutzung instand gesetzt wurde. Im Wettbewerb hatte ein interdisziplinäres Team vorgeschlagen, die Fragmente der verschiedenen Nutzungen als gleichwertige Zeitschichten weitgehend zu erhalten und neue Eingriffe auf ein Minimum zu beschränken. Räumlich schöpft der Umbau das Potenzial der Bestandsgrundrisse, die sich mit offenen Wandelgängen um den Innenhof legen, voll aus. Die neue Gebäudetechnik ist sorgfältig in den neuen Holzvertäfelungen und Möbeln integriert. Das Lichtkonzept betont die historischen Wände und Gewölbedecken mit ihren Zeitspuren. Der wichtigste Raum ist jetzt das Dachgeschoss. Seine monumentale Holzkonstruktion wurde mit einer fast unsichtbaren Stahlkonstruktion verstärkt, die Dachflächen sind neu gedämmt. Hier zogen die Lesesäle der Bibliothek ein. Die neuen Gaubenfenster dienen dem Brandschutz, lassen Tageslicht herein und bieten einen weiten Blick über die Stadt. fh

## Multilayered Monument

The sprawling 17th-century Dominican monastery situated in the heart of Mechelen had been empty for decades. After the monks departed in 1796, the complex served various purposes, including a military hospital and an artillery magazine. In 2010, the city acquired the Predikheren monastery – named after the Dominican Black Friars who founded it – even though the once grand structure had deteriorated into a ruin. Despite its condition, plans took shape to revitalize the complex, reimagining it as a dynamic urban hub housing a library and cultural centre. Today, Het Predikheren stands as an exemplary, multilayered monument, impeccably restored for contemporary use. The competition-winning proposal, presented by an interdisciplinary team, emphasized preserving the traces of the site's many past functions and keeping new interventions to a minimum. Spatially, the conversion fully utilizes the potential of the existing floor plans wrapped around a central courtyard with open-air walkways. Modern building technology is carefully integrated into the new wood panelling and furnishings. Thoughtful lighting accentuates the historic walls and vaulted ceilings, celebrating their time-worn charm. The top floor now takes centre stage, hosting the library's reading rooms. A subtle steel structure reinforces the monumental timber framework, while the roof has been freshly insulated. The new dormer windows comply with fire safety regulations while introducing natural light and expansive views across the city. fh

Grundrisse
Maßstab 1:750

Floor plans
Scale 1:750

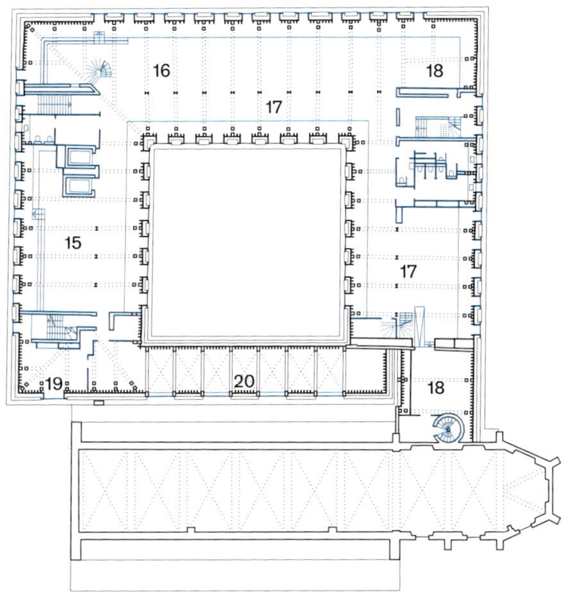


2. Obergeschoss Second Floor

1 Haupteingang
2 Foyer
3 Garderobe mit Schließfächern
4 Kreuzgang/ Information
5 Innenhof
6 Wandelgang mit Cyberzone
7 Wandelgang mit Lounge und Lesebereich
8 Lesebereich Zeitungen und Magazine
9 Café
10 Küche
11 Kleinkindbereich
12 Speisesaal mit Küche
13 Sakristei
14 Kirche/Agora
15 Kinderbibliothk
16 Information
17 Handbibliothek
18 Workshops/ Gruppenarbeit
19 Multifunktionsraum
20 Technik

1 Main entrance
2 Foyer
3 Cloakroom with lockers
4 Cloister/ Information
5 Inner courtyard
6 Corridor with cyberzone
7 Corridor with lounge and reading area
8 Reading zone with newspapers and magazines
9 Café
10 Kitchen
11 Toddler area
12 Cafeteria with kitchen
13 Sacristy
14 Church/agora
15 Children's library
16 Information
17 Reference library with work areas
18 Workshops and group work
19 Multipurpose room
20 Building services

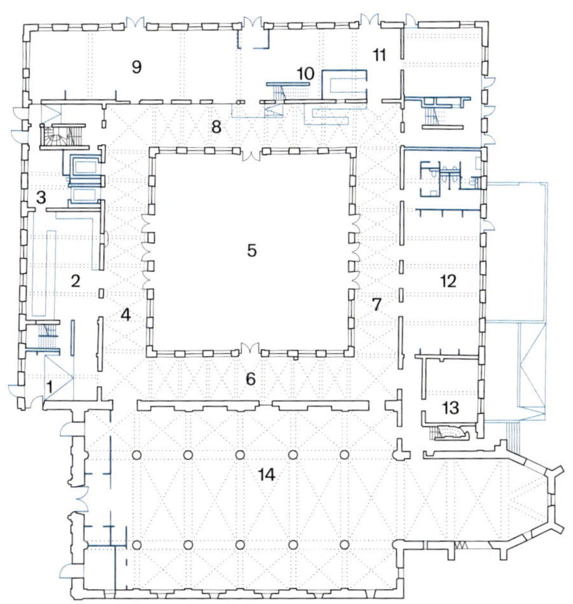


Erdgeschoss Ground floor

Ort / Location: Mechelen, Goswin de Stassartstraat 88 Bauherr / Client: Stadt Mechelen / City of Mechelen Restaurierungsspezialisten / Restoration specialists: Callebaut Architects Tragwerksplanung / Structural engineering: Bureau Bouwtechniek Fertigstellung / Completion: 2023 hetpredikheren.be

Die Lesebereiche der Stadtbibliothek ziehen sich durch das gesamte ehemalige Predikheren-Kloster (rechte Seite). Der zentrale Lesesaal befindet sich im obersten Stockwerk unter dem mächtigen Dachstuhl (oben).

The reading spaces of the city library span the entire former Predikheren monastery building (right page). But the reading room is on the top floor under the monumental roof truss (above).

## Gewächshaus für das Gemeinschaftsleben

Der Obstbau hat im Pajottenland in der Provinz Flämisch-Brabant eine lange Tradition. Große Gewächshäuser sind hier indes selten – zumal mit Café und Konferenzräumen, in denen sogar der Gemeinderat tagt. Ein solches haben Jo Taillieu Architecten für die 1800-Einwohner-Gemeinde Gooik errichtet und darin die Reste eines Obstbauernhofs integriert. Neben dem Gemeinderat heißt das Bildungszentrum Paddenbroek vor allem Besucherinnen und Besucher willkommen, die sich über die umliegende Kulturlandschaft informieren möchten. Das Tragwerk der Standard-Gewächshauskonstruktion ist an die großen Spannweiten angepasst. Die voll verglaste Nordfassade des Gebäudes ist zugleich die Eingangsseite. An der deutlich niedrigeren Südfront durchdringen sich Neu und Alt: Das frühere Backhaus ist mit offener Südseite in den Neubau integriert. Auch mit den übrigen Relikten des Bestands praktizierten die Architekten eine Strategie des selektiven Erhalts. Die alten Ziegelwände sind größtenteils sichtbar, wurden aber von innen gedämmt. Denn im Gegensatz zu den Häusern im Haus bleibt der Großraum unter der Glaskonstruktion unbeheizt. Große, sägezahnartig montierte Faserzementschindeln an den Dächern und Fassaden sowie die vor die alten Mauerwerksöffnungen gesetzten Fenster unterstreichen den Charakter der Architektur. Jedes Element hat sein Eigenleben, Alt und Neu gehen ineinander über. js

## A Greenhouse for Community Spirit

Belgium's Pajottenland is known for its rich fruit cultivation heritage, though expansive greenhouses are a rarity in the region – much less ones that double as a vibrant community hub. The village of Gooik, home to 1800 residents, now hosts an imaginative exception. Envisioned by jo taillieu architecten, this singular structure even incorporates remnants of an old fruit orchard into a design centred around communal spaces like a café and conference rooms. The distinctive building not only serves as a meeting place for the local council but also spotlights regional heritage through the Paddenbroek Education Centre. The design cleverly adapts standard greenhouse construction to accommodate large spans. The main entrance is located on the fully glazed north facade. The much shorter south facade artfully combines old and new architecture, seamlessly integrating the original bakery, which opens to the south. Employing a strategy of selective conservation, the architects preserved relics of the existing building, such as old brick walls, making them visible while insulating them from the inside. In contrast to the house-within-a-house volumes, the main area under the glass structure remains unheated. Accentuating the architecture are large, saw-toothed fibre cement shingles adorning the roofs and facades, along with strategically positioned windows in front of the original masonry openings. Each element maintains its distinct identity, merging old and new into a cohesive whole. js

Schnitt/Grundriss
Maßstab 1:400

1 Büro
2 Büroküche
3 Keller
4 Ofenraum
5 Nicht beheizbarer, offener Raum
6 Cafeteria
7 Sanitäranlagen
8 Heizungsraum
9 Zugangsebene zum 1. Stockwerk
10 Nottreppe
11 Eingangstür
12 Hintertür
13 Versammlungsraum

Section/Floor plan
Scale 1:400

1 Office
2 Office kitchen
3 Basement
4 Oven space
5 Unheated open space
6 Cafeteria
7 WC
8 Heating room
9 Access level to first floor
10 Emergency stair
11 Main entrance
12 Back door
13 Meeting room

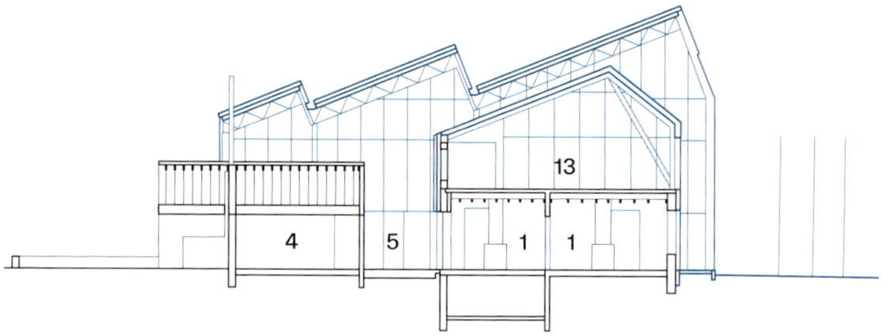


aa

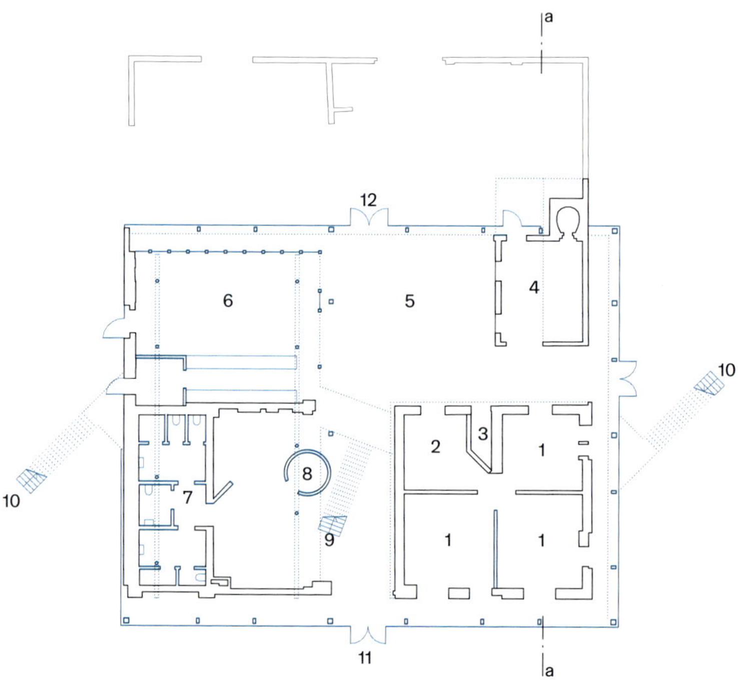


Erdgeschoss

Ground floor

Ort / Location: Gooik, Paddenbroekstraat 12 Bauherr / Client: Gemeinde Gooik / Municipality of Gooik
Tragwerksplanung / Structural engineering: Raadgevend Ingenieur De Munck Pascal Fertigstellung / Completion: 2020

# 18 Bogdan & Van Broeck

## The Cosmopolitan in Brüssel / Brussels

Lageplan
Maßstab 1:4000

Site plan
Scale 1:4000

1 The Cosmopolitan
2 Quai au Foin
3 Königlich Flämisches Theater (Koninklijk Vlaams Schouwburg)
4 Grand Hospice
5 Rue de Laeken

1 The Cosmopolitan
2 Quai au Foin
3 Royal Flemish Theatre (Koninklijk Vlaams Schouwburg)
4 Grand Hospice
5 Rue de Laeken

AG
PARKING

## Wohn- statt Bürohochhaus

Das Viertel am ehemaligen Brüsseler Handelshafen ist geprägt von niedriger historischer Bebauung in dichten Blöcken. Das Scheibenhochhaus aus den 1960er-Jahren ragt als absolute Ausnahme recht einsam in die Höhe und schiebt sich quer zur Straße in den Häuserblock hinein. Seit einiger Zeit aber wandelt sich das Quartier, und so wurde ein Investor für das fast vollständig leer stehende Bürohochhaus gefunden. Dieser lud einige Architekturbüros zu einem Wettbewerb ein, um aus dem Büro- ein lukratives Wohnhochhaus zu machen. Abriss und Neubau waren ausdrücklich eine Option, aber Bogdan & Van Broeck zeigten mit ihrem Vorschlag, wie ein Großteil der vorhandenen Struktur gewinnbringend erhalten werden konnte. Heute gibt es in dem Wohnhochhaus 130 Ein- bis Drei-Zimmer-Apartments, in einem viergeschossigen Neubau an der Südostecke liegen weitere 26 Wohnungen. Vom Hochhaus wurde die Fassade entfernt, das Betonskelett jedoch erhalten. Eine Verstärkung der Struktur ermöglichte eine Aufstockung um drei zusätzliche Etagen. Dort ist die Gebäudetechnik untergebracht, eine neue Dachterrasse entstand. Eine neue, weiß gestrichene Stahlkonstruktion sorgt für Balkone, die sich mit geschosshohen beweglichen Schiebepaneelen verschatten lassen. Die untersten zwei Geschosse bilden den Sockel. Hier wird die feine Stahlstruktur zu einem auffälligen Zickzack aus kräftigen V-Stützen. Darin verbirgt sich eine Arkade, die durch den gesamten Block reicht und so die Zugänge zum Hochhaus deutlich im Straßenraum verankert. fh

## From Offices to Apartments

The old commercial port district in Brussels consists mainly of low historic buildings tightly packed into dense blocks. However, one exception is a slab tower from the 1960s, inserted through the middle of a block. This port district has been undergoing significant redevelopment, and an investor recognized the untapped potential in this nearly vacant office tower. To reimagine the office building as a lucrative residential tower, several architectural firms were invited to participate in a competition. While demolition and new build was an option, the proposal by Bogdan & Van Broeck stood out by showing how a substantial portion of the existing structure could be thoughtfully preserved. Now known as The Cosmopolitan, the tower has been converted into a residence featuring 130 one- to three-bedroom apartments, with an additional 26 apartments in a new four-storey building erected on the southeast corner. Although the original facade of the high-rise was removed, the concrete skeleton was retained. Structural reinforcement enabled the addition of three additional storeys accommodating building services and a new roof terrace. A scaffold-like white steel structure now provides balconies that can be shaded with full-height sliding panels. The lowest two storeys form the base, where the slender steel structure transforms into a visually striking zigzag pattern of V-shaped columns, defining an arcade that spans the entire city block. This design distinctly anchors the entrances to the high-rise building within the streetscape. fh

Ort / Location: Brüssel / Brussels, Quai aux Pierres de Taille 16 Bauherr / Client: Besix Red
Tragwerksplanung / Structural engineering: Util struktuurstudies Fertigstellung / Completion: 2019

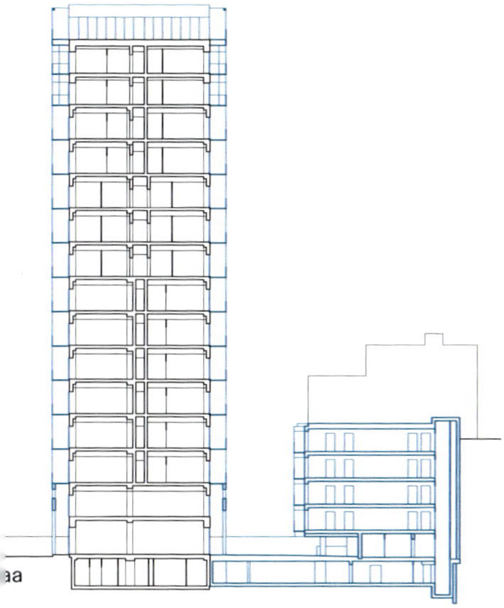


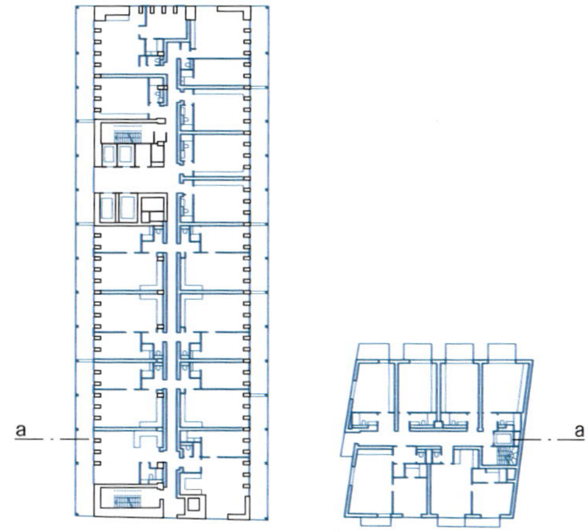


Schnitt/Grundrisse Maßstab 1:1000

Section/Floor plans Scale 1:1000

1. Obergeschoss First floor

Das Scheibenhochhaus in den 1960er-Jahren

The slab tower in the 1960s

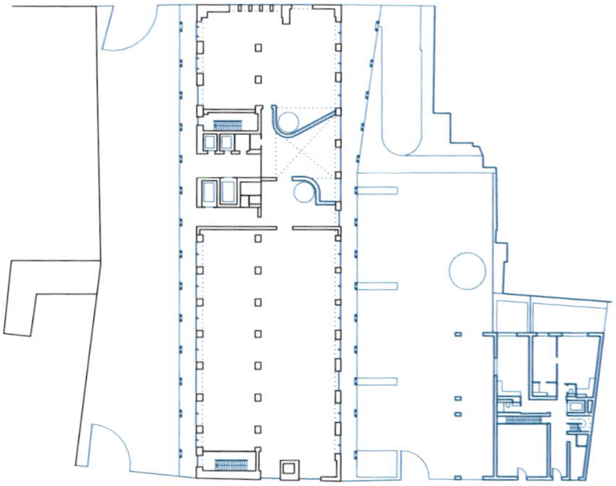

Erdgeschoss Ground floor

THE
COSMOPOLITAN
16

Beim Umbau vom Büro- zum Wohnhaus wurde auch eine einladende Passage zum Haupteingang geschaffen.

During the office-to-apartment building conversion, a welcoming passageway to the main entrance was created.

# 19 Neutelings Riedijk Architects

## Gare Maritime in Brüssel / Brussels

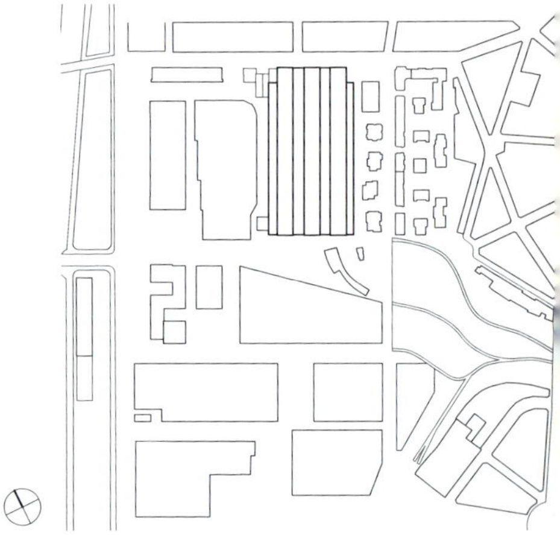

Lageplan
Maßstab 1:15 000

Site plan
Scale 1:15 000

## Stadtquartier unter großem Dach

Früher war das Areal Tour & Taxis im Nordwesten von Brüssel einer der größten Warenumschlagsplätze Europas. Seit 2014 wandelt ein Immobilienentwickler die 37 Hektar zum Büro- und Wohnquartier um. Den zentralen Identitätsanker des Areals bildet seit 1902 die Güterbahnhofshalle der Gare Maritime. Heute sind darin auf 45 000 Quadratmetern moderne Büroarbeitsplätze, Läden und Restaurants entstanden. Südländisches Flair und mitteleuropäische Holzbaukultur gehen in dem siebenschiffigen Bauwerk eine enge Symbiose ein. Die 280 Meter lange Mittelhalle hielt das Planungsteam als überdachte öffentliche Flaniermeile für Veranstaltungen, Kunstaktionen und Sportevents frei. Die Büro- und Gewerbeflächen verteilen sich auf zehn Holzpavillons in den Seitenschiffen und zwei kleinere an der südlichen Stirnseite der Halle. Holzstege und Treppen verbinden die Einbauten und ermöglichen die Nutzung auch größerer, zusammenhängender Büroflächen. Mit ihren fein strukturierten Fassaden aus geölten Eichenlatten bilden die Pavillons eine Einheit mit den holzverkleideten Untersichten der Hallendächer. So kommt die grafische Wirkung des schwarzen Stahltragwerks voll zur Geltung. Der Grundgedanke einer Stadt in der Stadt setzt sich auch im Klimakonzept fort. Nur die Pavillons sind gedämmt und mit Wärmepumpen beheizt, im Rest des Gebäudes schwanken die Temperaturen mit den Jahreszeiten. Große Photovoltaikanlagen auf den Dächern und in der Südfassade machen die Bahnhofshalle über das Jahr gerechnet zum Plusenergiegebäude. js

## Urban Quarter under a Giant Roof

The Tour & Taxis site in northwest Brussels was once one of Europe's largest goods handling centres. Since 2014, a developer has been transforming the 37-hectare site into an office and residential quarter. A central landmark of the Tour & Taxis site is the historic Gare Maritime goods station hall, constructed in 1902. This iconic structure now hosts 45,000 square metres of modern office space, shops, and restaurants. The seven-aisle building seamlessly combines southern Mediterranean flair with the timber construction tradition of Central Europe. Its 280-metre-long central hall remains open, offering a covered public promenade for events, art, and sports. Within this grand space, office and commercial zones are spread across ten wooden pavilions along the side aisles and two smaller ones at the hall's southern end. Wooden walkways and stairs link these pavilions, allowing the creation of larger, interconnected office spaces. With their finely structured facades crafted from oiled oak slats, the pavilions blend in the wood-clad soffits of the hall roofs, amplifying the visual impact of the black steel structure. The concept of a city within a city extends to the building's climate control system. Only the pavilions are insulated and heated using heat pumps; the building's remaining areas experience natural temperature fluctuations with the changing seasons. Large photovoltaic systems installed on the roofs and southern facade transform the Gare Maritime into an energy-plus building, generating more power than it consumes annually. js

Schnitt/Grundriss
Maßstab 1:2000

Section/Floor plan
Scale 1:2000

aa

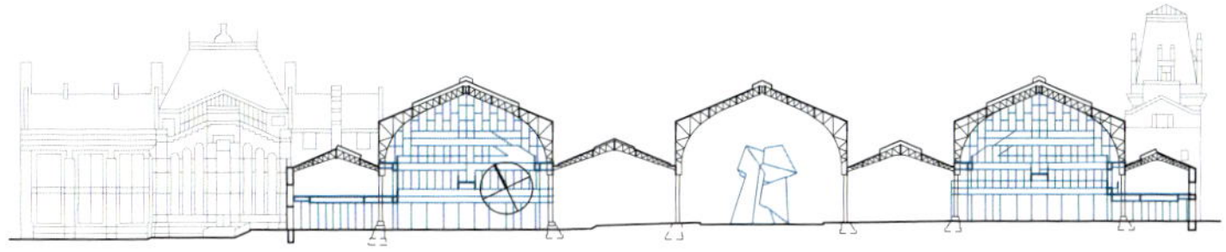

Veranstaltungsräume im Hôtel des Douanes (Bestand)
2 Eingang
3 Quartiersplatz
4 Technikzentrale
5 Laden/Gastronomie
6 Lobby/Büro
7 Flaniermeile
8 Grünstreifen
9 Bodenmosaik

1 Event spaces, Hôtel des Douanes (existing)
2 Entrance
3 Covered plaza
4 Building services
5 Shop, restaurants
6 Lobby/office
7 Boulevard
8 Green strip
9 Floor mosaic

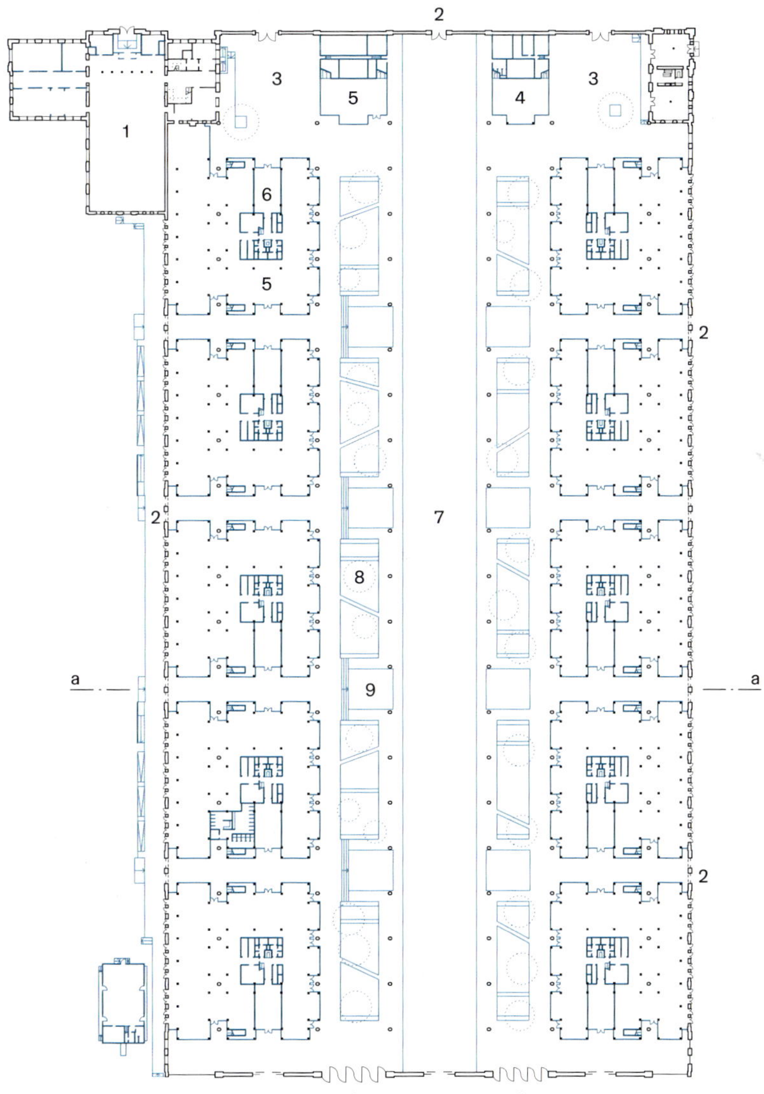


Erdgeschoss

Ground floor

Ort / Location: Brüssel / Brussels, Picardstraat 7–11 Bauherr / Client: Extensa Group
Tragwerksplanung / Structural engineering: Ney & Partners Fertigstellung / Completion: 2020
tour-taxis.com garemaritime-foodmarket.be

OFFICES
DEDICATED DESKS
MEETING ROOMS
MEMBERSHIP

# 20 OFFICE Kersten Geers David Van Severen

## Passerelle Tondo in Brüssel / Brussels

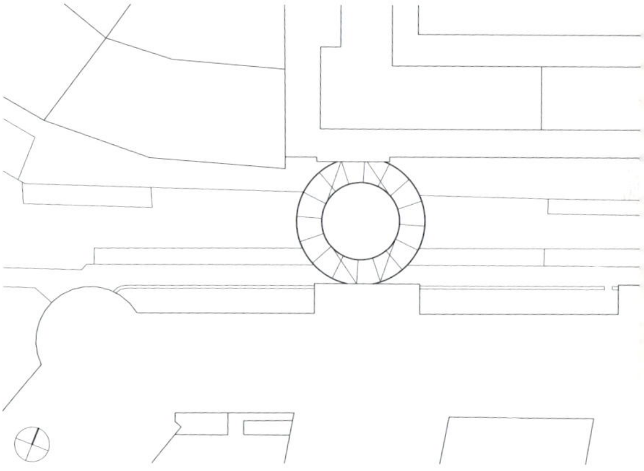

Lageplan
Maßstab 1:1000

Site plan
Scale 1:1000

## Spiegelnde Ringformation im Regierungsviertel

In luftiger Höhe überquert die ringförmige Fußgängerbrücke die Rue de Louvain in der Innenstadt von Brüssel. Sie zieht einen Kreis mit 10 Metern Radius und verbindet das Palais des Nations aus dem 18. Jahrhundert mit dem Forum-Gebäude aus der Zeit der frühen Postmoderne. Um in ihre Büros zu gelangen, müssen die Mitarbeitenden des belgischen Parlaments nun nicht mehr die Straße überqueren. Die neue Verbindung führt mit 4 Prozent Neigung vom ersten Stock des Parlaments in den benachbarten Verwaltungsbau. Kersten Geers und David van Severen haben die Passerelle Tondo nach dem kreisrunden Format von Renaissance-Gemälden benannt und als enigmatische Skulptur im Stadtraum konzipiert. Die Außenseite ist vollflächig mit polierten Aluminiumpaneelen verkleidet – eine Spiegelfläche, die den umliegenden Stadtraum reflektiert. Im Inneren des Rings hingegen ist die Fassade durchgängig verglast, sie gibt den Blick auf den darunterliegenden Straßenabschnitt und die gegenüberliegende Seite dieses Kreisverkehrs für Fußgänger frei. Die neue Brücke wird so zu einem Ort der Begegnung. Bollinger + Grohmann planten die Statik der Passerelle mit einer tragenden Dachkonstruktion aus Stahlelementen. Sie ist zwischen die beiden Bestandsbauten gehängt und an ihrer Oberseite versteift. Sowohl die gekrümmten Glasscheiben als auch die Bodenplatte hängen an dem Dach. Für ihre Intervention, die so wenig wie möglich in den Bestand eingreift, erhielten Office den Brüsseler Architekturpreis 2023. sah

## Mirrored Ring Bridges Public Structures

Floating gracefully above Rue de Louvain in the heart of Brussels, a captivating circular pedestrian bridge with 10-metre radius connects the 18th-century Palais des Nations to the early postmodern Forum building. This innovative structure designed by Kersten Geers and David van Severen provides a convenient crossing for Belgian Parliament employees, eliminating the need to cross the busy street to access their offices. Rising at a 4-percent incline, the bridge connects the first floor of the parliament building with the corresponding level of the administration building opposite, overcoming the difference in floor heights. The Passerelle Tondo is named after the circular compositions found in Renaissance paintings. This enigmatic urban sculpture features an exterior fully clad in polished aluminium panels, creating a mirrored surface that reflects the surrounding urban environment. The interior of the ring is completely glazed, giving pedestrians views of the street below and across to the opposite side of the traffic circle. The Passerelle Tondo serves a dual purpose as both a functional crossing and a space for encounters. Bollinger + Grohmann engineered the load-bearing roof structure from steel elements suspended between the two buildings and reinforced at the top. Both the curved glass panes and base plate are suspended from this steel framework. The bridge was recognized in 2023 with the Brussels Architecture Prize for its minimal disruption to existing structures and thoughtful integration into the urban context. sah

Ort / Location: Brüssel / Brussels, Rue de Louvain 44/40 Bauherr / Client: Belgische Abgeordnetenkammer / Belgian Chamber of Representatives Tragwerksplanung / Structural engineering: Bollinger + Grohmann Fertigstellung / Completion: 2021

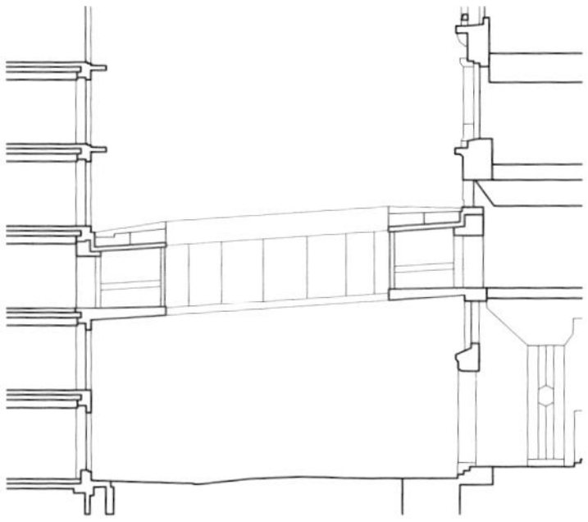

aa

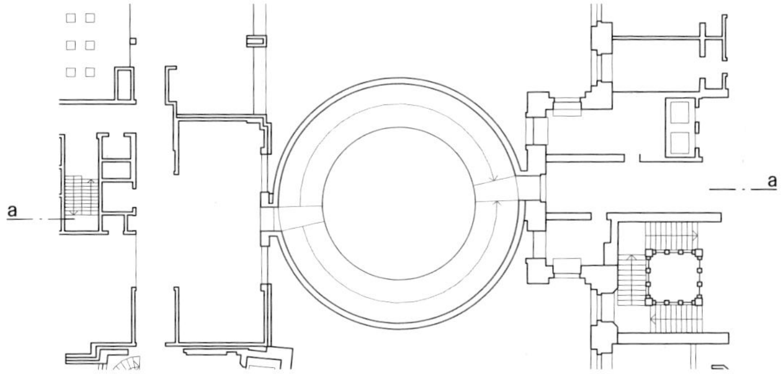


Schnitt/Grundriss Maßstab 1:500

Section/Floor plan Scale 1:500

# 21 Bovenbouw Architectuur & Caruso St John Architects

## Royale Belge in Brüssel / Brussels

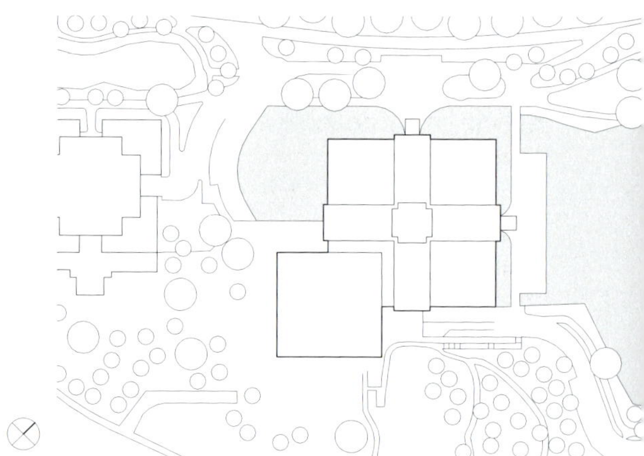

Lageplan
Maßstab 1:4000

Site plan
Scale 1:4000

## Kreis und Kreuz, Sockel und Turm

Es war gar nicht viel Veränderung nötig, um das modernistische Bürohochhaus am südöstlichen Stadtrand von Brüssel mit einer Nutzungsmischung aus Hotel, Sport-, Konferenz- und Büroräumen neu zu beleben. Die Bauherrin lobte 2019 einen kleinen Architekturwettbewerb aus, für den sich das belgische Büro Bovenbouw mit dem britischen Büro Caruso St John zusammentat. Ihre Strategie war, „so wenig wie möglich zu verändern sowie Materialien wiederzuverwenden und zu recyceln, wo immer möglich". Komplett erhalten blieb die Fassade aus Cortenstahl. Sie prägt den Ausdruck des Gebäudes ebenso wie die bronzefarbenen Fenster. Zwar mussten die Scheiben für eine bessere Wärme- und Energiebilanz ausgetauscht werden, doch die neuen Gläser sehen identisch aus. Im Inneren wurden die offenen Büros zu Hoteletagen mit 180 Zimmern und Studiowohnungen für längere Aufenthalte. Im Erdgeschoss gibt es neue Öffnungen in den marmorverkleideten Wänden des Foyers, die zum Restaurant, Fitnessclub, Spa und zu den Bürotrakten führen. Ein besonders großzügiger Durchgang verbindet das Foyer mit der neuen, kreisförmigen Halle, die drei Stockwerke hoch und mit 21 Metern Durchmesser in den Sockel geschnitten wurde. Durch sie fällt viel Tageslicht bis ins Zentrum des Gebäudes, eine geschwungene Spiraltreppe verbindet den Sockel mit dem Turm. Der Kreis sorgt außerdem für einen deutlichen neuen Akzent unter dem kreuzförmigen Grundriss des Hochhauses im ansonsten rechtwinkligen Raster der 1960er-Jahre. fh

## Circle and Cross, Tower and Base

Only minimal modifications were necessary to revitalize the modernist office tower on the southeastern outskirts of Brussels, transforming it into a multifunctional space that integrates a hotel, sports facilities, conference rooms, and office space. In 2019, the client launched a small architectural competition, resulting in a collaboration between Belgian architects Bovenbouw and British architects Caruso St John. Their strategy focused on "doing as little as possible to the protected building [and] reusing and recycling materials wherever possible". The preservation of the original Corten steel facade, a hallmark of the structure, was complemented by newly installed golden glass windows that closely resemble the original windows while enhancing thermal and energy efficiency. Internally, the open-plan offices were reconfigured into hotel floors, now offering 180 rooms and studio apartments catering to extended stays. On the ground floor, strategic openings cut into the marble-clad walls of the foyer create pathways to the restaurant, fitness club, spa, and office wings. A wide passageway connects the foyer to the new circular hall – a three-storey-tall, 21-metre diameter rotunda carved into the base. This draws ample daylight into the heart of the building, while a curved spiral staircase links the base with the tower's upper floors. This circular addition, nestled within the tower's cross-shaped floor plan, introduces a distinctive accent subtly deviating from the otherwise rectangular grid of the original 1960s design. fh

Ort / Location: Brüssel / Brussels, Boulevard du Souverain 25 Bauherr / Client: Souverain 25 Tragwerksplanung / Structural engineering: Lemaire ingenieurs Fertigstellung / Completion: 2023 mix.brussels

aa

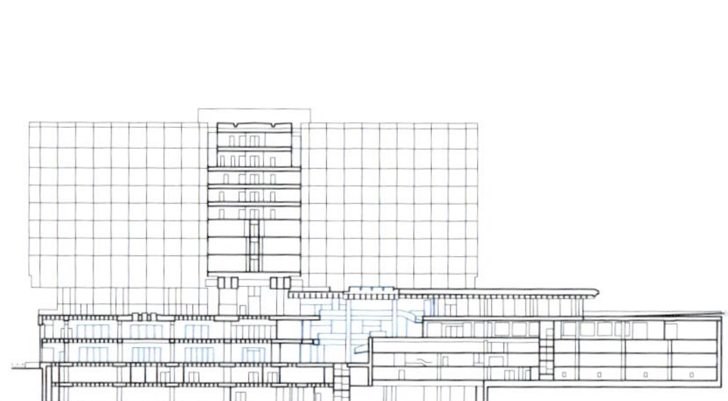

Schnitt/Grundrisse
Maßstab 1:2000

1 Eingang
2 Atrium
3 Büro
4 Restaurant
5 Parkgarage
6 Besprechung
7 Bankettsaal
8 Wellness
9 Auditorium
10 Lager
11 Terrasse

Section/Floor plans
Scale 1:2000

1 Entrance
2 Atrium
3 Office
4 Restaurant
5 Parking
6 Meeting room
7 Banquet hall
8 Wellness
9 Auditorium
10 Storage
11 Terrace

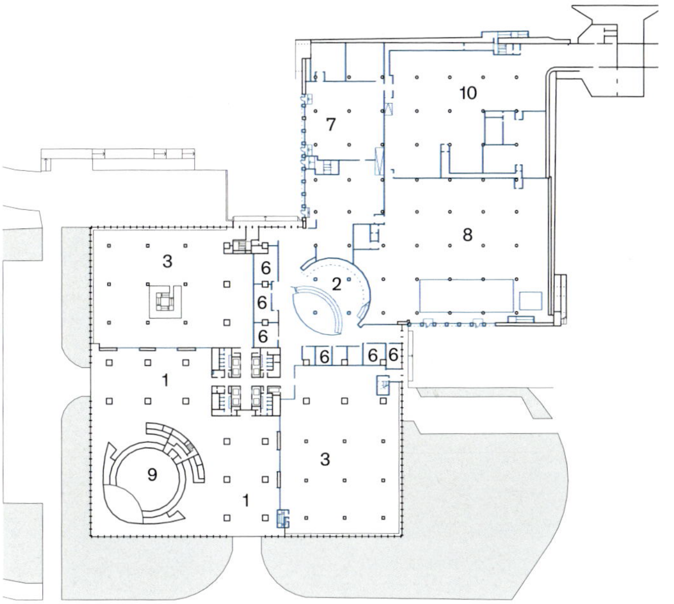


1. Obergeschoss First floor

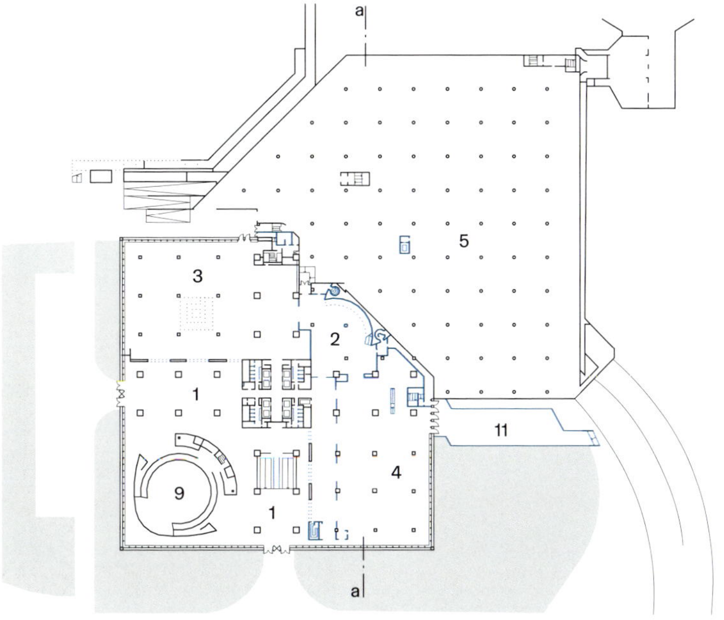


Erdgeschoss Ground floor

Die neue, kreisförmige Halle (rechte Seite) wurde mit 21 m Durchmesser und drei Etagen Höhe aus dem Sockel des Bürohauses ausgeschnitten.

The new circular hall (right page) was carved out of the base of the office building. It spans 21 metres in diameter and is three stories high.

# 22 UR architects Monnikenheide in Zoersel

Lageplan
Maßstab 1:3000

1 Wohnhaus von UR architects
2 Wohnhaus von Jo Peeters architecten
3 Wohnhaus von 51N4E
4 Multifunktionssaal von AWG Architecten
5 Privates Wohnhaus der Familie Demeester
6 Hauptgebäude von Jo Peeters architecten
7 Anbau De Eiken von UR architects
8 Schwimmbad und Wäschehaus

Site plan
Scale 1:3000

1 Housing by UR architects
2 Housing by Architect Jo Peeters
3 Housing by 51N4E
4 Multipurpose hall by awg architecten
5 Demeester family private home
6 Main building by Architect Jo Peeters
7 De Eiken extension by UR architects
8 Swimming pool and laundry house

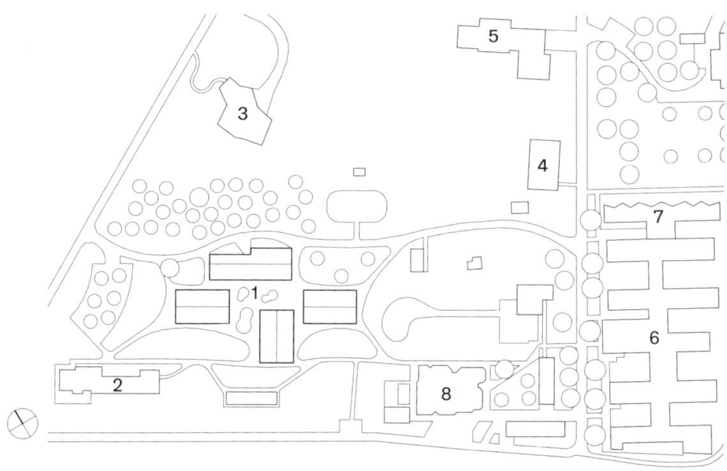

## Silberne Scheunen für die Pflege

Am Rand von Zoersel ist seit den 1970er-Jahren auf private Initiative von Wivina und Paul Demeester ein großzügiger Wohn- und Therapiecampus für Menschen mit Beeinträchtigungen entstanden. Heute umfasst Monnikenheide über 13 Gebäude auf 4 Hektar Fläche, etwa 200 Mitarbeiter kümmern sich um 86 dauerhafte Bewohnerinnen und Bewohner und bis zu 135 Menschen in der Tagespflege. Die Häuser sind vorbildliche Pflegegebäude, allerdings sind einige inzwischen in die Jahre gekommen. So musste ein Wohnhaus aus den 1980er-Jahren dringend modernisiert werden. Während im Pflegesektor sonst üblicherweise Abriss und Neubau vorherrschen, wollte Monnikenheide den Weg der Bewahrung und Reparatur gehen. UR Architects gewannen einen kleinen Architekturwettbewerb. Ihr Umbau ist radikal: Die zentrale Halle, die die drei Wohntrakte verbunden hatte, ließen UR entfernen, sodass aus den Trakten frei stehende Pavillons wurden. Gleichzeitig ersetzten sie alle Fassaden durch eine leichte Hülle aus Metall mit großen Fenstern und schwellenlosen Schiebetüren. An einigen Stellen wurden die alten Kubaturen für neue Gemeinschaftsräume vergrößert, auch die Energieeffizienz ist drastisch verbessert. Mit den schweren Satteldächern erinnern die drei Häuser jetzt an die Scheunen in der Umgebung. Als Referenz nennen UR unter anderem das dreiteilige Ferienhaus Maison Keremma in der Bretagne von Lacaton & Vassal. „Uns gefiel die Idee, ein Pflegeheim wie ein Ferienresort zu denken", sagt Regis Verplaetse von UR. fh

## Silver Barns for Inclusive Care

Since the 1970s, on the outskirts of Zoersel, an expansive campus for sheltered living and therapy for people with disabilities has been developed through the private initiative of Wivina and Paul Demeester. Today, Monnikenheide spans over 13 buildings across four hectares, with approximately 200 employees caring for 86 permanent residents and up to 135 daycare participants. While some of the buildings reveal signs of age, they stand as exemplary models of inclusive care architecture. One such building, dating back to the 1980s, urgently required modernization. In an industry often characterized by demolition and new build, Monnikenheide opted for an approach of preservation and repair. UR architects won a small architectural competition and implemented a radical transformation. They removed the central hall connecting the three residential wings, allowing the wings to stand as independent pavilions. They also replaced all the facades with a lightweight metal shell, featuring expansive windows and flush threshold sliding doors. In some areas, the old structures were expanded to accommodate new communal spaces, and significant improvements were made in energy efficiency. With their distinct pitched roofs, the three houses now evoke the appearance of the local barns. UR architects drew inspiration from references such as the three-volume weekend house in Keremma, Brittany, by Lacaton & Vassal. "We liked the idea of envisioning a care home like a vacation resort," says UR's Regis Verplaetse from UR. fh

Ort / Location: Zoersel, Monnikendreef 3 Bauherr / Client: Monnikenheide-Spectrum Tragwerksplanung / Structural engineering: Util struktuurstudies Fertigstellung / Completion: 2020 monnikenheide-spectrum.be

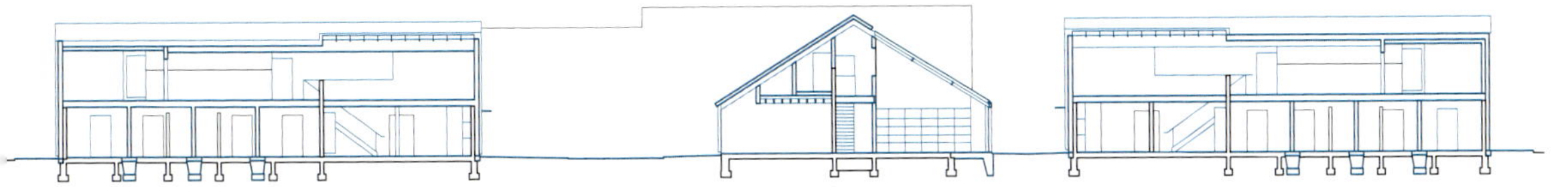

Schnitt/Grundriss
Maßstab 1:200

1 Eingang
2 Lager
3 Esszimmer
4 Zimmer
5 Wohnzimmer
6 Büro
7 Badezimmer
8 Behandlungszimmer Therapie- und Tageshaus
9 Physiotherapie
10 Anmeldung
11 Entspannung
12 Ärztezimmer
13 Spielezimmer
14 Snoozle-Zimmer
15 Fernsehzimmer
16 Tagespflege
17 Küche

Section/Floor plans
Scale 1:200

1 Entrance
2 Storage
3 Dining room
4 Bedroom
5 Living room
6 Office
7 Bathroom
8 Treatment room, Therapy / Daycare
9 Physiotherapy
10 Reception
11 Relaxation
12 Doctor's office
13 Playroom
14 Snoozle room
15 Television room
16 Daycare
17 Kitchen

Erdgeschoss Ground floor

kwb inbeweging
falos.be

Neue Hülle um den Bestand: Durch die Intervention entsteht eine Vielzahl heller Räume mir direktem Bezug zum Außenraum.

By placing a new, larger shell around the old buildings, numerous bright spaces were created with a direct connection to the outdoors.

# ❷❸ noAarchitecten City Campus Hasselt University

Lageplan
Maßstab 1:3000

1 Universität Hasselt, City Campus
2 Juristische Fakultät
3 Rektorat
4 Martelarenlaan
5 Stadtbibliothek
6 Bushaltestelle Dusartplein

Site plan
Scale 1:3000

1 Hasselt University city campus
2 Faculty of Law
3 Rectorate
4 Martelarenlaan
5 City library
6 Dusartplein bus stop

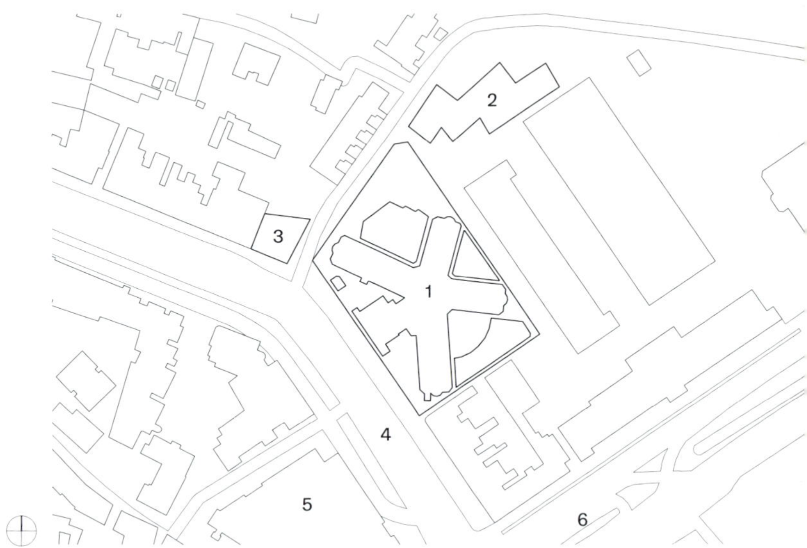

## Campus in Gefängnismauern

Die Universität Hasselt wollte schon lange einen zweiten, zentrumsnahen Campus gründen. 2005 wurde das städtische Gefängnis aufgegeben. Aber wie konnte aus diesem ummauerten Komplex, einem majestätischen, ähnlich einem Panopticon gebauten Gefängnis aus dem Jahr 1859, ein offener Universitätscampus werden? Im Wettbewerb 2008 lösten Noa Architecten die Aufgabe mit einer zweifachen Strategie. Zum einen ergänzten sie zwei Neubauten außerhalb der Gefängnismauern für die Fakultätsverwaltung und das Kollegium. Beide Gebäude – das eine mit einer grünen, das andere mit einer sandfarbenen Fassade – sind mit fünf Geschossen hoch genug, um über die Mauern hinweg als neue Orientierungspunkte sichtbar zu sein. Zum anderen nutzten Noa die Besonderheiten des Bestandsgrundrisses: In den vier ehemaligen Zellenflügeln, die sternförmig auf eine zentrale Halle zulaufen, lagen alle Zellen innen an einem außen umlaufenden Gang. In diese Zellen legten Noa die Neben- und Arbeitsräume, während sie die neuen, großen Räume von außen mit den Gängen verbanden. So ist in den alten Gefängnishöfen eine abwechslungsreiche Landschaft mit zwei Hörsälen, einem Freiluft-Auditorium und einer Mensa unter einem Sheddach entstanden, das das Licht bis in die Arbeitsräume im Bestandsbau fallen lässt. Neue Eingänge in den Außenmauern öffnen den Komplex nach mehreren Seiten und schaffen Durchgänge, Verbindungen, Wege, Höfe und Plätze. So wurde das klaustrophobische, dunkle Gebäude zu einem hellen und freundlichen Campus. fh

## Turning Cells into Classrooms

Hasselt University had long envisioned establishing a second campus near the city centre. In 2005, the municipal prison closed its doors, presenting an opportunity for a new use. But how could this enclosed, panopticon-like prison from 1859 be reimagined as an open university campus? In their winning competition entry from 2008, noAarchitecten tackled this challenge with a two-pronged strategy. First, they added two new buildings outside the prison walls to house the rector's office and the faculty building. Both structures – one with a green facade and the other with a sand-coloured facade – rise five stories high, becoming visible landmarks that breach the former prison walls. Second, the architects leveraged the unique features of the existing floor plan. The four former cell wings, radiating like spokes from a central hall, originally housed cells along the inside, adjacent to an outer corridor. noAarchitecten converted the cells into ancillary rooms and workspaces, connecting these expanded areas to the exterior corridors. This innovative approach transformed the old prison courtyards into a diverse landscape featuring two lecture halls, an open-air auditorium, and a cafeteria nestled under a sawtooth roof that channels natural light into the workspaces of the existing building. New entrances punctuating the outer walls open up the complex on multiple sides, creating pathways, connections, courtyards, and plazas. This revitalization has turned the once dark and claustrophobic structure into a lively and welcoming campus. fh

Ort / Location: Hasselt, Martelarenlaan 42 Bauherr / Client: Universität Hasselt / Hasselt University Tragwerksplanung / Structural engineering: Guy Mouton Beteiligte Künstler / Collaborating artists: Philip Van Isacker, Benoît van Innis Fertigstellung / Completion: 2015 uhasselt.be

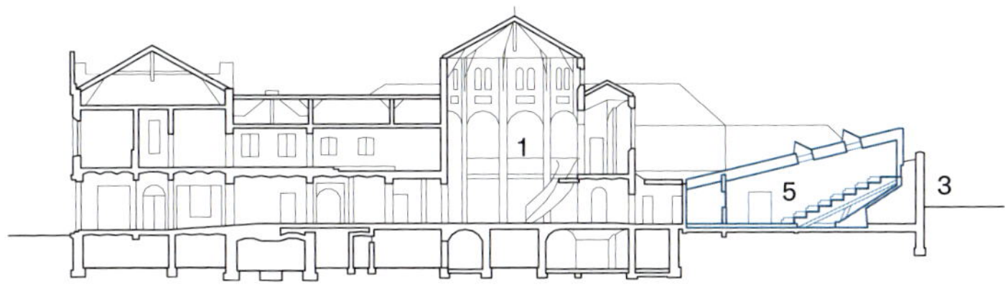


aa

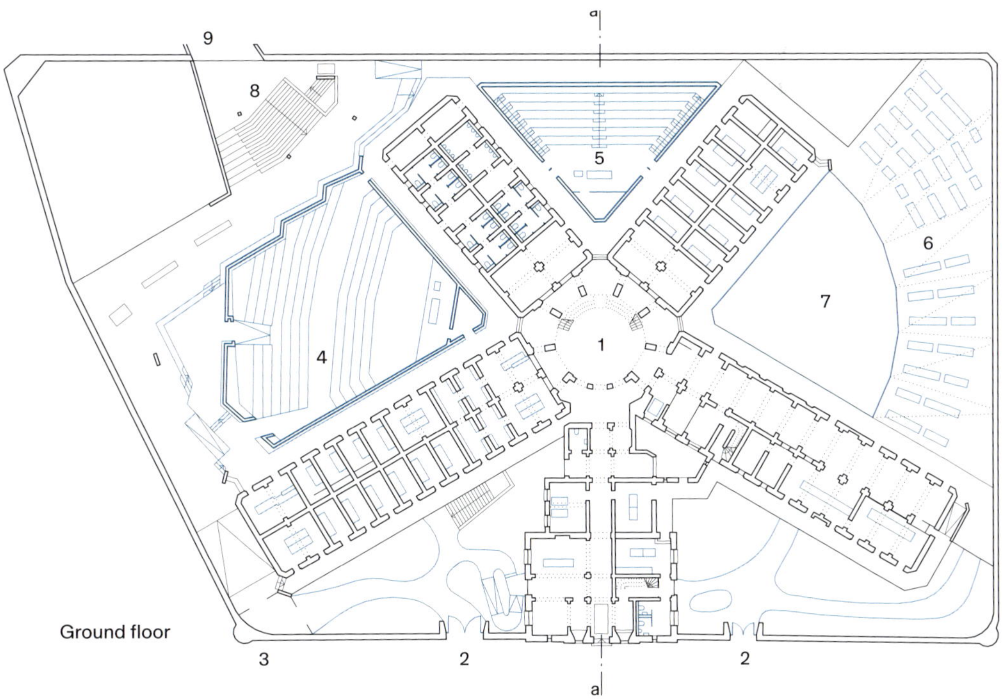


Erdgeschoss Ground floor

Schnitt/Grundriss
Maßstab 1:750

1 Zentraler Raum
2 Eingang
3 Ehemalige Gefängnismauer
4 Großer Hörsaal
5 Kleiner Hörsaal
6 Cafeteria/Mensa
7 Innenhof
8 Freitreppe/Freiluftauditorium
9 Übergang zum Neubau der Juristischen Fakultät

Section/Floor plan
Scale 1:750

1 Panopticon central hall
2 Entrance
3 Former prison wall
4 Large lecture hall
5 Small lecture hall
6 Cafeteria
7 Courtyard
8 Outdoor stairs/open-air auditorium
9 Passage to the new Faculty of Law building

Der Umbau des ehemaligen Gefängnisses spielt mit einer Vielzahl an Kombinationen von Alt und Neu. Die Mensa in einem der Gefängnishöfe (oben), die zentrale Halle (rechts), ein Verbindungsraum (rechte Seite)

The conversion of the former city prison plays with various combinations of old and new elements: the cafeteria in a prison courtyard (above), the Panopticon central hall (below), and a connecting foyer (right page).

# 24 Francesca Torzo architetto

## Z33 House for Contemporary Art in Hasselt

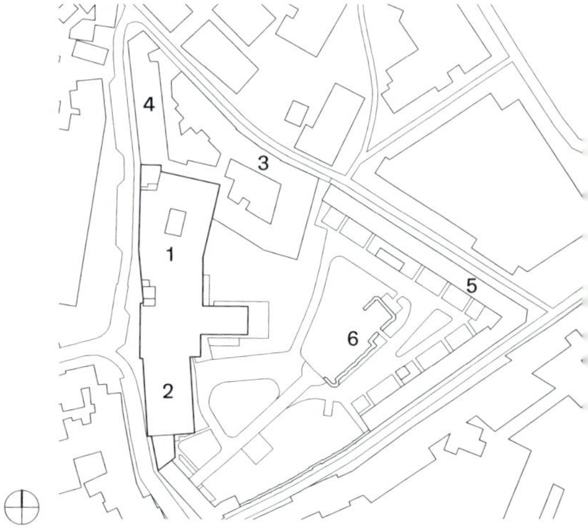


Lageplan
Maßstab 1:3000

1 Flügel 19 (Francesca Torzo 2019)
2 Flügel 58 (Gustaaf Daniëls, 1958)
3 Jenever-Museum
4 Wohnhäuser
5 Ehemaliger Beginenhof
6 Ehemalige Kirche

Site plan
Scale 1:3000

1 Wing 19 (Francesca Torzo, 2019)
2 Wing 58 (Gustaaf Daniëls 1958)
3 Gin museum
4 Residential buildings
5 Former beguinage
6 Former church

Ort / Location: Hasselt, Bonnefantenstraat 1 Bauherr / Client: Provinz Limburg / Province of Limburg, Z33
Tragwerksplanung / Structural engineering: Conzett Bronzini Partner Fertigstellung / Completion: 2020 z33.be

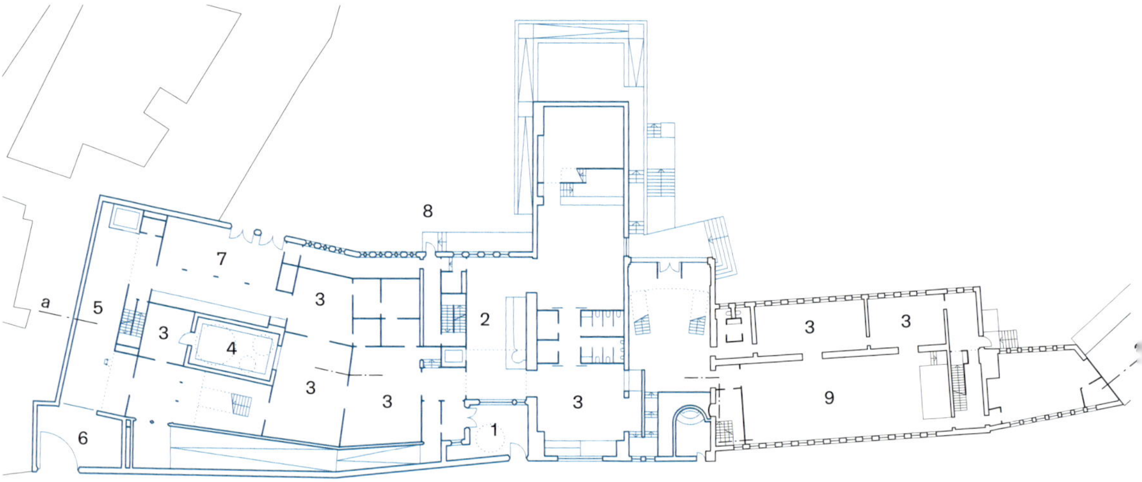


Erdgeschoss Ground floor

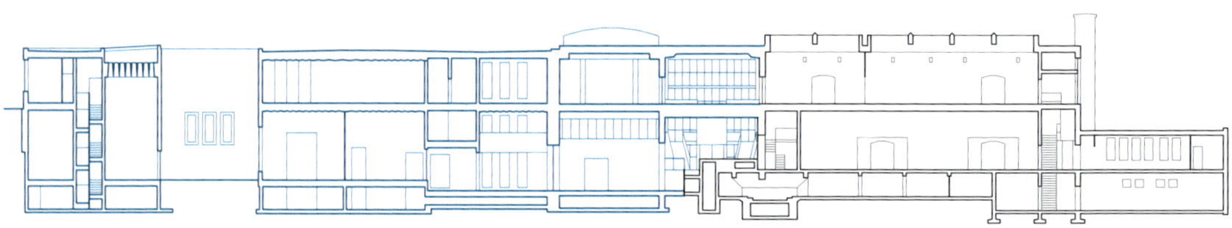

aa

Schnitt/Grundriss
Maßstab 1:750

1 Eingangshof
2 Eingangshalle
3 Ausstellungssaal
4 Innenhof
5 Werkstatt
6 Anlieferung
7 Lager
8 Personaleingang
9 Vortragssaal

Section/Floor plan
Scale 1:750

1 Entrance courtyard
2 Entrance hall
3 Exhibition hall
4 Courtyard
5 Workshop
6 Deliveries
7 Storage
8 Staff entrance
9 Lecture hall

## Weiterbauen am Klosterhof

Das Z33 House for Contemporary Art in Hasselt bespielt zwei große Gebäude des mittelalterlichen Beginenhofs im Stadtzentrum. Das ehemalige Kloster besteht aus einer etwa dreieckigen Anlage mit überwiegend kleinen Wohnhäusern aus Backstein, die sich um einen großen Nutzgarten anordnen. Schon seit 1938 nutzt die Stadt Teile des Komplexes für Veranstaltungen und Ausstellungen. 1959 wurde ein erstes Museumsgebäude nach Entwürfen von Gustaaf Daniëls am Zuivelmarkt 33 errichtet – daher der spätere Name der Institution. Dieses fügt sich als großer Backsteinbau in die Anlage, durch die Fenster schaut man in den Innenhof. Die lichtdurchfluteten Räume bieten exzellente Bedingungen für das Ausstellen von Skulpturen und Malerei, allerdings wenige Möglichkeiten für Medieninstallationen. Daher wurde ein Anbau auf dem nördlichen Nachbargrundstück beschlossen. Diesen entwarf die italienische Architektin Francesca Torzo nach ausführlicher Analyse des Bestands als Neuinterpretation der alten Klosteranlage. Zur Straße hin ließ Torzo eine gewaltige Backsteinmauer errichten: 60 Meter lang, 12 Meter hoch und bis auf drei Öffnungen vollständig geschlossen. Das mag wie eine historische Stadtmauer wirken, doch die eigens entworfenen Backsteine verweisen auf die Gegenwart. Die größte der Öffnungen ist der neue Haupteingang, der mit Bezug auf die historischen Torhäuser in ein schmales Vestibül mit Brunnen und Baum führt. Wie zur Entschleunigung knickt der Weg immer wieder ab, bevor man das Foyer erreicht, das Neu- und Bestandsbau verbindet. Auch im Inneren des dreigeschossigen Neubaus gibt es Stellen, an denen der weitere Weg durch das Gebäude hinter Innenfenstern, Durchlässen und Höfen sichtbar wird wie in einer historischen Parkanlage. Die Ausstellungsräume des Neubaus sind immer anders in ihrer Größe, Proportion und Lichtstimmung. Ein Parcours voller Überraschungen: Hier fällt der Blick in einen zweiten Innenhof mit roter Putzfassade, dort orientiert sich der ganze Raum zu einem Panoramafenster mit Blick auf das benachbarte Jenever-Museum mit dem markanten hohen Backsteinschornstein. So hat Torzo ein Gebäude wie eine mittelalterliche Anlage geschaffen, voller Anspielungen und Zitate, die Verbindungen zur Stadt, zur Geschichte, zum Backstein und zum Bestandsbau herstellen – und sogar zu sich selbst, etwa wenn der Deckenputz der Ausstellungsräume das Rautenmuster der Straßenfassade wieder aufgreift. In Kombination mit dem Bau von 1959 hat das Z33 nun zwei Gebäude mit höchst unterschiedlichen Qualitäten, die sich für alle denkbaren Varianten der Ausstellungsgestaltung nutzen lassen. Mit dem Neubau von Torzo geht die Ära, in der das Z33 die Gebäude des Klosterhofs bespielte, zu Ende. Diese werden nun für neue Nutzungen frei, vermutlich bald wieder als Wohnhäuser. fh

## Art Annexe in a Convent Courtyard

The Z33 House for Contemporary Art in Hasselt occupies two sizeable structures on the former site of a medieval beguinage in the city centre. The original convent, forming a roughly triangular complex with small brick houses surrounding a large vegetable garden, has functioned as a venue for city-sponsored events and exhibitions since 1938. In 1959, the first museum building, designed by Gustaaf Daniëls,

was erected on the site at Zuivelmarkt 33, from which the institution derives its name – Z33. This large brick building integrates well with the original architecture, overlooking the inner courtyard through its windows. While its well-lit rooms provide excellent conditions for displaying paintings and sculptures, they are less suitable for multimedia installations. Informed by Italian architect Francesca Torzo's detailed analysis of the historic site and envisioned as a reinterpretation of the old convent, an extension was built on the neighbouring property to the north to address this limitation. Torzo's new building features a 60-metre-long, 12-metre-high brick wall facing the street with three openings. Despite its semblance to a historic city fortification, the custom brickwork imparts a contemporary aesthetic. The largest of the three openings serves as the main entrance, leading visitors into a narrow vestibule with a fountain and tree, reminiscent of historic gatehouses. A meandering path slows the pace before arriving at the foyer that links the old and new buildings. A similar experience awaits inside the three-storey addition, where glimpses of surrounding corridors, passages, and courtyards evoke the ambience of a historic garden landscape. The exhibition rooms in the new building vary in size, proportions, and ambience, providing unexpected perspectives. Views extend into a second courtyard with a red plaster facade, while panoramic windows reveal the nearby Jenever Museum with its iconic chimney tower. Torzo has designed a building like a medieval complex, full of allusions and quotations that create links to the city, history, brickwork, the existing building, and even the structure itself – such as when the ceiling plaster in the exhibition rooms mirrors the diamond pattern on the street facade. Z33 now possesses two contrasting spaces capable of hosting diverse exhibitions. Torzo's extension marks Z33's departure from the historic convent buildings, potentially paving the way for their repurposing, perhaps as residential spaces once again. fh

Das helle Treppenhaus im Bestand (linke Seite), Durchblick durch mehrere Ausstellungsräume im Neubau (oben)

The staircase in the old building is well-lit (left page). A view into several exhibition rooms in the new building (above).

Ein Ausstellungssaal im Neubau mit Blick auf das Jenever-Museum (oben), Blick vom Eingangshof ins Foyer (rechte Seite). Der Rundgang besteht aus sehr unterschiedlichen Räumen (Folgeseite).

An exhibition space in the new building overlooks the Jenever Museum (above). View from the entrance courtyard into the foyer (right page). A tour of the complex reveals a variety of distinct rooms (next page).

# Appendix

# Architektinnen und Architekten

# Architects

51N4E
51n4e.com
Rue du progrès 76,
Brüssel / Brussels
1 BUDAfabriek, Kortrijk
→ S. / p. 10

ATAMA Atelier for Transformative Architecture and Masterplanning
atama.website/
Bomastraat 10-201, Gent / Ghent
2 Deelfabriek, Kortrijk
→ S. / p. 18

Carlos Arroyo Architects
carlosarroyo.net
Calle Comadre 2
ES - Chinchón
3 OostCampus, Oostkamp
→ S. / p. 24

Raamwerk
raam-werk.com
Bagattenstraat 173, Gent / Ghent
4 Halewijnkouter, Drongen
→ S. / p. 30

Dierendonckblancke architecten
dierendonckblancke.eu
Bomastraat 10, Gent / Ghent
5 Nekkersput, Gent / Ghent
→ S. / p. 36

jo taillieu architecten
jotaillieu.com
Napoleon Destanbergstraat 11, Gent / Ghent
A JDVIV / IVJDV A
architectenjdviv.com
Pussemierstraat 1, Gent / Ghent
6 Caritas, Melle
→ S. / p. 42
17 Paddenbroek, Gooik
→ S. / p. 170

Robbrecht en Daem architecten
robbrechtendaem.com
Lieremanstraat 64, Gent / Ghent
7 Boekentoren, Gent / Ghent
→ S. / p. 82

evr-architecten, Callebaut Architecten
evr-architecten.be
Oktrooiplein 1 bus 301, Gent / Ghent
Callebaut Architecten
callebaut-architecten.be
Sint-Gerolfstraat 32B, Drongen
8 Sint-Lievenspoort, Gent / Ghent
→ S. / p. 88

GAFPA
gafpa.net
Nieuwevaart 118a, Gent / Ghent
9 Kapel van Onze-Lieve-Vrouw, Ninove
→ S. / p. 96

BLAF Architecten
blaf.be
Poststraat 100, Lokeren
10 House tmSN, Sint-Niklaas
→ S. / p. 100

Korteknie Stuhlmacher
ksa.nl
Baan 74, NL - Rotterdam
11 Cadix-Campus, Antwerpen / Antwerp
→ S. / p. 108
16 Het Predikheren, Mechelen
→ S. / p. 162

Zaha Hadid Architects
zaha-hadid.com
101 Goswell Road, GB - London
12 Port House, Antwerpen / Antwerp
→ S. / p. 116

Atelier Kempe Thill
atelierkempethill.com
Van Nelleweg 1, NL - Rotterdam
13 De Harmonie, Antwerpen / Antwerp
→ S. / p. 122

KAAN Architecten
kaanarchitecten.com
Boompjes 255, NL - Rotterdam
14 Koninklijk Museum voor Schone Kunsten, Antwerpen / Antwerp
→ S. / p. 130

noAarchitecten
noaarchitecten.net
Foppensstraat 16, Brüssel / Brussels
15 Het Steen, Antwerpen / Antwerp
→ S. / p. 138
23 City Campus Hasselt University
→ S. / p. 208

BOGDAN & VAN BROECK
bogdan.design
Rue de l'Enseignement 91, Brüssel / Brussels
18 The Cosmopolitan, Brüssel / Brussels
→ S. / p. 176

Neutelings Riedijk Architects
neutelings-riedijk.com
Weena 723 - C6.070, NL - Rotterdam
19 Gare Maritime, Brüssel / Brussels
→ S. / p. 182

OFFICE Kersten Geers David Van Severen
officekgdvs.com
26 Rue de la Loi, Brüssel / Brussels
20 Passerelle Tondo, Brüssel / Brussels
→ S. / p. 190

Caruso St John Architects
carusostjohn.com
1 Coate Street, GB - London
Bovenbouw
bovenbouw.be
Lange Lobroekstraat 149, Antwerpen / Antwerp
21 Royale Belge, Brüssel / Brussels
→ S. / p. 194

UR architects
urarchitects.com
Lamorinièrestraat 32, Antwerpen / Antwerp
22 Monnikenheide, Zoersel
→ S. / p. 200

Francesca Torzo architetto
francescatorzo.it
Salita Superiore San Rocchino 43-1, IT — Genua / Genoa
24 Z33 House for Contemporary Art, Design and Architecture, Hasselt
→ S. / p. 216

# Contributors

Florian Heilmeyer (fh)
ist freier Autor, Redakteur und Kurator in den Themenfeldern Stadt und Architektur. Er schreibt regelmäßig für Fachmedien, Magazine und die Tagespresse. Als Kurator und Redakteur war er an zahlreichen Ausstellungen beteiligt und hat knapp 20 Bücher zur zeitgenössischen Architektur herausgegeben. Er arbeitet mobil und lebt in Berlin.

Florian Heilmeyer (fh)
is a freelance author, editor, and curator focusing on cities and architecture. He regularly contributes to industry publications, magazines, and newspapers. With extensive experience as a curator and editor, he has participated in numerous exhibitions and authored nearly 20 books on contemporary architecture. Based in Berlin, he works remotely.

Sandra Hofmeister (sah)
ist seit 2016 als Chefredakteurin von Detail verantwortlich für das inhaltliche Programm des Architekturverlags und seiner Publikationskanäle. Nach ihrem Studium in Berlin promovierte sie in München. Als Moderatorin zahlreicher Kongresse und Autorin internationaler Publikationen setzt sie ihren Schwerpunkt auf brisante Fragen der aktuellen Architektur. Derzeit unterrichtet sie an der Universität für Angewandte Kunst Wien.

Sandra Hofmeister (sah)
has been editor-in-chief of Detail since 2016 and oversees the content programme of the architecture publishing house and its publication channels. After studying at the TU and FU Berlin, she obtained her doctorate in Munich. As a moderator at numerous congresses and author of many international publications, she focuses on future-oriented issues in architecture. Additionally, she currently teaches at the University of Applied Arts Vienna.

Jakob Schoof (js)
ist stellvertretender Chefredakteur von Detail und befasst sich seit knapp 25 Jahren mit der medialen Vermittlung von Architektur. Nach dem Architekturdiplom absolvierte er ein Volontariat bei der Architekturzeitschrift AIT und war dort als Redakteur und Leiter Corporate Publishing tätig. 2009 wechselte er zu Detail und ist seither Herausgeber mehrerer Bücher aus der Edition Detail.

Jakob Schoof (js)
is deputy editor-in-chief of Detail and has spent nearly 25 years sharing architectural knowledge. After graduating in architecture, he completed a traineeship at the architecture magazine AIT, where he worked as an editor and head of corporate publishing. In 2009, he joined Detail and has since edited several books for Edition Detail.

Peter Popp (pp)
verstärkt seit 2001 das Redaktionsteam von Detail. Vorher studierte er Architektur an der TU München und der TH Darmstadt sowie Journalismus am Institut für Journalistik und Kommunikationsforschung in Hannover. Für das Online-Portal von Detail realisiert er Architekturfilme und koordiniert den redaktionellen täglichen Output.

Peter Popp (pp)
joined the Detail editorial team in 2001. He studied architecture at the TU Munich and the TH Darmstadt as well as journalism at the Institute for Journalism and Communication Research in Hanover. At Detail, he produces architectural films for the online portal and manages the daily editorial content.

Sofie De Caigny
war Direktorin des Flanders Architecture Institute (2018–2024) und Gastprofessorin für Architekturkritik an der Fakultät für Designwissenschaften der Universität Antwerpen. Sie ist Autorin zahlreicher Publikationen zur zeitgenössischen Architektur in Flandern, mit besonderem Augenmerk auf die Beziehung der Architektur zur Vergangenheit. Sofie De Caigny ist Chefredakteurin des Flämischen Architekturjahrbuchs, kuratierte zahlreiche Ausstellungen, darunter den Belgischen Pavilion auf der Internationalen Architekturbiennale in Venedig 2016, und sie war von 2014 bis 2022 Generalsekretärin von ICAM – International Confederation of Architectural Museums.

Sofie De Caigny
was director of the Flanders Architecture Institute (2018–2024) and visiting professor in Architecture Critique at the Faculty of Design Sciences of the University of Antwerp. She publishes widely on contemporary architectural culture in Flanders, with a special focus on the relationship architecture has with the past. Sofie De Caigny is editor-in-chief of the Flanders Architectural Review, has curated various exhibitions, including the Belgian Pavilion at the 2016 International Architecture Biennale in Venice, and served as Secretary General of ICAM – International Confederation of Architectural Museums from 2014 to 2022.

An Fonteyne
1971 in Ostende (Belgien) geboren, schloss 1994 ihr Studium an der Universität Gent ab. Sie arbeitete bei DKV Architects in Rotterdam und David Chipperfield Architects in London, bevor sie 1999 zusammen mit Jitse van den Berg und Philippe Viérin Noa architecten gründete. Sie ist Mitglied der Königlichen Flämischen Akademie von Belgien und lehrt derzeit an der ETH Zürich. Sie nimmt regelmäßig an internationalen Wettbewerben und Preisverleihungen teil und hält Vorträge an internationalen Architekturschulen.

An Fonteyne
was born in 1971 in Ostend (Belgium), and graduated from Ghent University in 1994. She worked at DKV Architects in Rotterdam and David Chipperfield Architects in London before establishing noAarchitecten with Jitse van den Berg and Philippe Viérin in 1999. She is a member of the Royal Flemish Academy of Belgium, section Arts, and currently teaches at ETH Zurich. She regularly serves in international competition and award juries and lectures at international architecture schools and institutions.

Paul Robbrecht
gründete 1975 zusammen mit Hilde Daem das Studio Robbrecht en Daem architecten. Die konstante Qualität ihrer Realisierungen ist das Ergebnis einer gründlichen architektonischen Vision und einer sorgfältigen Betrachtung der Proportionen, der Materialität und des Einsatzes von Farbe. Paul Robbrecht, Hilde Daem und Johannes Robbrecht – seit 2012 Partner – haben eine architektonische Sprache entwickelt, die sich sorgfältig in die Umgebung einfügt und darauf abzielt, eine zeitgemäße und menschliche Position zu schaffen, die zu Projekten führt, die im breiten Kontext von Wissenschaft und Kunst eine Aussage machen.

Paul Robbrecht
founded the studio Robbrecht en Daem architecten together with Hilde Daem in 1975. The consistent quality of their realizations is the result of a thorough architectural vision and a careful consideration of proportion, materiality, and the use of colour. Paul Robbrecht, Hilde Daem, and Johannes Robbrecht – a partner since 2012 – have developed an architectural language that is carefully integrated in the environment and which aims to establish a contemporary and human position, giving rise to projects that make a statement within the broad context of science and art.

Inge Vinck
ist Mitbegründerin von Architecten Jan de Vylder Inge Vinck in Gent und lehrt an der Kunstakademie Düsseldorf. Vinck sieht Architektur eher als Mandat und nicht nur als Dienstleistung. Zurzeit arbeitet ihr Büro an der Umnutzung des Palais des Expositions im belgischen Charleroi und an der Gestaltung eines Wohnhochhauses in der Schweiz. Dort spielt die Minimierung des Materialverbrauchs eine entscheidende Rolle.

Inge Vinck
co-founded architecten jan de vylder inge vinck in Ghent and teaches at Kunstakademie Düsseldorf. Vinck views architecture as more of a mandate, not only a service. Currently, she and her team are working on the adaptive reuse of the Palais des Expositions in Charleroi, Belgium, and the design of a high-rise housing block in Switzerland. These projects prioritize the minimization of material consumption and concrete as a building component.

# Impressum Imprint

Herausgeberin und Herausgeber / Editors
Florian Heilmeyer, Sandra Hofmeister

Autorinnen und Autoren / Authors
Sofie De Caigny, Florian Heilmeyer, Sandra Hofmeister, Peter Popp, Jakob Schoof

Lektorat und Schlusskorrektur (Deutsch) / Copy editing, proofreading (German)
Sandra Leitte, Valley City (US), Katrin Pollems-Braunfels, München (DE)

Redaktionelle Mitarbeit / Editorial team
Laura Traub, Zoe Kleinbongartz

Projektleitung / Project management
Sandra Hofmeister

Übersetzung / Translation into English
Alisa Kotmair, Berlin (DE)

Korrektorat (Englisch) / Proofreading (English)
Stefan Widdess, Berlin (DE)

Gestaltung / Design
strobo B M, München / Munich (DE)

Zeichnungen / Drawings
Lisa Hurler, Augsburg (DE)
Barbara Kissinger, DETAIL

Reproduktion / Reproduction
Ludwig Media, Zell am See (AT)

Druck und Bindung / Printing and binding
Gutenberg Beuys Feindruckerei Langenhagen (DE)

Papier / Paper
Magno Volume 135 g/m²
Munken Pure 120 g/m²
(Innenteil / Content)
Cialux
(Umschlag / Cover)

ISBN 978-3-95553-630-5 (Print)
ISBN 978-3-95553-631-2 (E-Book)



DETAIL Business Information GmbH,
München / Munich
detail.de

Die für dieses Buch verwendeten FSC-zertifizierten Papiere werden aus Fasern hergestellt, die nachweislich aus umwelt- und sozialverträglicher Herkunft stammen. / The FSC-certified paper used for this book is manufactured from fibres originating from environmentally and socially acceptable sources.

MIX
Papier | Fördert gute Waldnutzung
FSC® C009051

MIX
Paper | Supporting responsible forestry
FSC® C009051

 Bibliografische Information der Deutschen Nationalbibliothek: Die Deutsche Nationalbibliothek verzeichnet diese Publikation in der Deutschen Nationalbibliografie; detaillierte bibliografische Daten sind im Internet über http:/dnb.d-nb.de abrufbar. /  Bibliographical information published by the German National Library: The German National Library lists this publication in the Deutsche Nationalbibliografie; detailed bibliographical data is available on the internet at http://dnb.d-nb.de.

Bildnachweis / Picture Credits

Buchcover / Bookcover: Filip Dujardin
Vorsatz / Frontleaf: noAarchitecten, Filip Dujardin, Stijn Bollaert
Nachsatz / Endleaf: Geert Roels, Kim Zwarts, Karin Borghouts
Abeele, Maarten Vanden: 72
A Tham, Maurice Tjon: 112 beide – both
Atelier Kempe Thill: 122
Bez, Sébastien: 74, 75
Binet, Hélène: 119
Bogdan & Van Broeck: 179
Bollaert, Stijn: 18 oben - top, 19, 22 beide - both, 23, 30, 31, 33, 34/35, 64 oben – top, 81, 82, 83, 86 oben – top, 87, 88, 89, 90 beide – both, 92 beide – both, 94/95, 100, 103, 104, 105 beide – both, 106/107, 131, 134/135, 136, 137, 158 mitte – middle, 162, 169, 199
City Archives Antwerp, 2004#2418: 117
City Archives Antwerp, PB#1200: 138
De Cleene, Michiel: 200 oben – top, 201, 204/205, 206, 207
De Vylder Vinck: 50
de Guzmán, Miguel: 24, 26 beide – both, 28/29
Borghouts, Karin: 108, 113, 114/115
Dujardin, Filip: 10, 12/13, 14, 17, 36, 37, 40 beide – both, 41, 42, 45, 46, 47, 48, 52, 53, 56, 60, 158 unten – bottom, 170 oben – top, 173 beide – both, 174/175, 182, 183, 186, 187, 188/189, 194, 196, 198
Fisher, Tim: 120 oben – top, 121,
GAFPA: 96, 97
Ghinițoiu, Laurian: 176, 177
Hofmeister, Sandra: 86 unten – bottom
Hufton + Crow: 116, 120 unten – bottom
jo taillieu architecten: 170 unten – bottom
Kramer, Luuk: 109, 161, 163, 166, 167, 168 beide – both
Mediamixer: 130
Noël Samaille © Stad Kortrijk: 18 unten – bottom
Peeters, Olmo: 216, 217, 222, 224
Princen, Bas: 158 oben – top, 190, 191
Robbrecht, Paul: 79
Ruault, Philippe: 149 unten – bottom
Schittich, Christian: 149 mitte – middle
Schwarz, Ulrich (Berlin): 123, 126, 127 beide – both, 128/129
Steinbrück, Paul: 16
UR architects: 200 unten – bottom
Verrecht, Jeroen: 180, 181
Visit Antwerpen_LUCID: 142
von Albertini, Gion Balthasar: 220, 221, 223
Zscharnt, Ute: 149 oben – top
Zwarts, Kim: 64 unten – bottom, 69, 139, 140, 143, 144, 208, 209, 212 beide – both, 213, 214/215

ustelle des Boekentorens in Gent von obrecht en Daem architecten (diese te) / Construction site of the Boeken- en in Ghent by Robbrecht en Daem hitects (this page)

Nachsatz I / Endleaf I:
Umbau des Stadtgefängnisses in Hasselt zum Uni-Campus von noAarchitecten / Conversion of Hasselt city prison to university campus, by noAarchitecten

Nachsatz II / Endleaf II:
Baustelle des Königlichen Kunstmuseums in Antwerpen von Kaan / Construction site, Royal Museum of Fine Arts in Antwerp, by KAAN

REYNDERS

ARTES
LIEBHERR